Schritte PLUS NEU 1+2 Niveau A1

Deutsch als Zweitsprache
Spielesammlung

Kopiervorlagen

Cornelia Klepsch

Hueber Verlag

Quellenverzeichnis

Illustrationen: Jörg Saupe, Düsseldorf

Um die Vorder- und Rückseiten der Karten deckungsgleich zu kopieren, gehen Sie bitte folgendermaßen vor:
- Trennen Sie die gewünschte Seite entlang der Perforationslinie heraus.
- Aktivieren Sie an Ihrem Kopierer den Modus zum doppelseitigen Kopieren.
- Legen Sie nun die Vorderseite der Spielkarten am linken oberen Rand des Kopierers an.
- Die Rückseite sollte dann oben rechts, an der Markierung für DIN-A4-Format, anliegen.
- Bei den Kopiervorlagen S. 129 und S. 131 werden freie Lösungen eingesetzt. Deshalb sind die Rückseiten nicht bedruckt.

Der Verlag weist ausdrücklich darauf hin, dass im Text enthaltene externe Links vom Verlag nur bis zum Zeitpunkt der Buchveröffentlichung eingesehen werden konnten. Auf spätere Veränderungen hat der Verlag keinerlei Einfluss. Eine Haftung des Verlags ist daher ausgeschlossen.

Das Werk und seine Teile sind urheberrechtlich geschützt. Jede Verwertung in anderen als den gesetzlich zugelassenen Fällen bedarf deshalb der vorherigen schriftlichen Einwilligung des Verlags.

Eingetragene Warenzeichen oder Marken sind Eigentum des jeweiligen Zeichen- bzw. Markeninhabers, auch dann, wenn diese nicht gekennzeichnet sind. Es ist jedoch zu beachten, dass weder das Vorhandensein noch das Fehlen derartiger Kennzeichnungen die Rechtslage hinsichtlich dieser gewerblichen Schutzrechte berührt.

| 5. 4. 3. | Die letzten Ziffern |
| 2028 27 26 25 24 | bezeichnen Zahl und Jahr des Druckes. |

Alle Drucke dieser Auflage können, da unverändert, nebeneinander benutzt werden.
1. Auflage
© 2017 Hueber Verlag GmbH & Co. KG, München, Deutschland
Umschlaggestaltung: Sieveking · Agentur für Kommunikation, München
Layout und Satz: Sieveking · Agentur für Kommunikation, München
Verlagsredaktion: Tamara Demberger, Hueber Verlag, München
Druck und Bindung: Friedrich Pustet GmbH & Co. KG, Regensburg
Printed in Germany
ISBN 978–3–19–341081–8

Vorwort

Liebe Leserinnen, liebe Leser,

die *Spielesammlung Schritte plus Neu* bietet Ihnen umfangreiches Zusatzmaterial, das genau auf die Progression von *Schritte plus Neu* zugeschnitten ist. Die meisten Spiele lassen sich jedoch auch ohne Weiteres in Verbindung mit anderen Grundstufenlehrwerken einsetzen. Die drei Bände der Spielesammlung entsprechen den Niveaustufen A1, A2 und B1 des Gemeinsamen Europäischen Referenzrahmens.

Fünf Spieltypen
Zu jeder Lektion von *Schritte plus Neu* finden Sie fünf verschiedene Spieltypen in Form von Kopiervorlagen:
- **Grammatikspiele**
  zum spielerischen Einüben, Wiederholen, Automatisieren und Visualisieren der wichtigsten Grammatikstrukturen
- **Wortschatzspiele**
  zum Festigen und Wiederholen von Wortschatz sowie zur Erweiterung der sprachlichen Ausdrucksfähigkeit
- **Artikelspiele**
  zum unterhaltsamen Erlernen von Artikeln und zum Schaffen von Grundlagen für die Einführung bestimmter Grammatikstrukturen
- **Mini-Gespräche**
  zum Einschleifen von Redemitteln und grammatischen Strukturen sowie als Übergang zum freien Sprechen
- **Gesprächsanlässe**
  zur Anwendung von Wortschatz, Grammatik und Redemitteln, zur Förderung des freien Sprechens und Schreibens sowie zur Vorbereitung auf mündliche Prüfungen

Vielfältiger Einsatz
Zu jedem Spieltyp finden Sie verschiedene Spielanleitungen, die Sie selbstverständlich durch eigene Ideen erweitern können.

Die Spiele lassen sich leicht an unterschiedliche Zielgruppen und Bedürfnisse anpassen und sind folgendermaßen einsetzbar:
- für lernungewohnte und geübte Teilnehmerinnen / Teilnehmer (TN) und somit auch besonders zur Binnendifferenzierung in heterogenen Gruppen
- für verschiedene Lerntypen
- als Kartenspiel, als Brettspiel, als Klassenspaziergang, als Wettbewerb, als Fragebogen, als schriftliche oder mündliche Übung, als Lernstation, als Lernkartei
- allein, zu zweit, zu dritt, in großen Gruppen, im Plenum, mit festen oder mit wechselnden Spielpartnern sowie zum Selbststudium
- zur Wiederholung, zur Ergänzung, zur Festigung, zur Vorbereitung auf Prüfungen und zur freien Anwendung beim Sprechen und Schreiben
- zur Auflockerung, zur Motivation, zur Aktivierung, zur Verbesserung der Konzentration, zum Abbau von Ängsten und Hemmungen, zur Förderung der Lernerautonomie, zum Schaffen einer angenehmen Lernatmosphäre, zum Vermitteln von Lerntechniken

Vorbereitung
Die Spiele sind mit wenig Aufwand herzustellen und können durch die vielfältigen Einsatzmöglichkeiten in einem Kurs sogar mehrmals verwendet werden.

Ich wünsche Ihnen und vor allem Ihren Kursteilnehmerinnen und Kursteilnehmern viel Spaß beim Spielen und danke allen, die dazu beigetragen haben, dass diese Spielesammlung im Rahmen meiner Unterrichtspraxis nach und nach wachsen und reifen konnte.

Cornelia Klepsch

Inhalt

Spielbretter / Blanko-Vorlage	6–8

Grammatikspiele — 9–49

Anleitung — 9

Schritte plus Neu 1

zu Lektion 2	Verbkonjugation	13
zu Lektion 3	Unbestimmter Artikel und Negativartikel	17
zu Lektion 4	Bestimmter Artikel und Personalpronomen	21
zu Lektion 5	Verbkonjugation, trennbare Verben	25
zu Lektion 6	Nominativ oder Akkusativ?	27
zu Lektion 7	Perfekt mit *haben* oder *sein*?	29

Schritte plus Neu 2

zu Lektion 8	Präsens und Präteritum: *sein* und *haben*	33
zu Lektion 9	Modalverben	35
zu Lektion 10	Possessivartikel: *sein-* und *ihr-*: Was tut weh?	37
zu Lektion 11	Lokale Präpositionen: *bei* und *in*	39
zu Lektion 11	Lokale Präpositionen: *zu, nach, in*	41
zu Lektion 12	Temporale Präpositionen: *vor, bei, nach*	43
zu Lektion 13	Frageartikel *welch-*?	45
zu Lektion 14	Personalpronomen: *dich* oder *dir* / *Sie* oder *Ihnen*	47

Wortschatzspiele — 51–84

Anleitung — 51

Schritte plus Neu 1		Schritte plus Neu 2	
zu Lektion 1	57	zu Lektion 8	71
zu Lektion 2	59	zu Lektion 9	73
zu Lektion 3	61	zu Lektion 10	75
zu Lektion 4	63	zu Lektion 11	77
zu Lektion 5	65	zu Lektion 12	79
zu Lektion 6	67	zu Lektion 13	81
zu Lektion 7	69	zu Lektion 14	83

Artikelspiele — 85–112

Anleitung	85
Artikelkarten	89

Schritte plus Neu 1		Schritte plus Neu 2	
zu Lektion 4	91	zu Lektion 8	99
zu Lektion 5	93	zu Lektion 9	101
zu Lektion 6	95	zu Lektion 10	103
zu Lektion 7	97	zu Lektion 11	105
		zu Lektion 12	107
		zu Lektion 13	109
		zu Lektion 14	111

Inhalt

Mini-Gespräche	**113 – 140**
Anleitung	113

Schritte plus Neu 1

zu Lektion 2	Fragen zur Person	115
zu Lektion 3	Nachfragen (unbestimmter Artikel, Negativartikel)	117
zu Lektion 4	Gefallen und Missfallen ausdrücken (Personalpronomen Nominativ)	119
zu Lektion 5	Alltagsaktivitäten: Vorlieben ausdrücken (trennbare Verben)	121
zu Lektion 6	Hast du … dabei? (Possessivartikel Akkusativ)	123
zu Lektion 7	Nach Aktivitäten in der Vergangenheit fragen (Perfekt)	125

Schritte plus Neu 2

zu Lektion 8	Zeitangaben (*seit* + Dativ)	127
zu Lektion 9	Ratschläge (Imperativ)	129
zu Lektion 10	Gesundheits-Tipps (Modalverb *sollen*)	131
zu Lektion 11	Einen Ort angeben (*in, bei*)	133
zu Lektion 12	Höfliche Bitten (Konjunktiv II *können*)	135
zu Lektion 13	Nach dem Befinden fragen: Wie geht's …? (Possessivartikel, Personalpronomen Dativ)	137
zu Lektion 14	Gegenstände suchen (Possessivartikel, Personalpronomen Akkusativ)	139

Gesprächsanlässe	**141 – 155**
Anleitung	141

Schritte plus Neu 1

zu Lektion 2	Meine Familie	143
zu Lektion 3	Einkaufen	144
zu Lektion 4	Wohnen	145
zu Lektion 5	Tagesablauf	146
zu Lektion 6	Freizeit	147
zu Lektion 7	Wochenende	148

Schritte plus Neu 2

zu Lektion 8	Arbeit zu Hause oder in der Firma	149
zu Lektion 9	Ämter	150
zu Lektion 10	Beim Arzt	151
zu Lektion 11	Ihr neuer Wohnort	152
zu Lektion 12	Kundenservice	153
zu Lektion 13	Kleidung	154
zu Lektion 14	Feste	155

Spielbrett 1

Spielbrett 2

Schritte PLUS NEU A1
Spielesammlung

die

das

der

Blanko-Vorlage

Grammatikspiele Anleitung

Schritte PLUS NEU A1
Spielesammlung

Auf den Seiten 13 – 49 finden Sie **14 verschiedene Vorlagen für Grammatikspiele**. Jedes Spiel besteht aus einer zweiseitigen Kopiervorlage. Auf der Vorderseite stehen Aufgaben, auf der Rückseite mit Häkchen ✓ stehen die Lösungen.

Zu jeder Vorlage gibt es **acht verschiedene Einsatzmöglichkeiten**, z. B. als Gruppenspiel mit 18 Kärtchen, als Brettspiel oder als Wettbewerb.

Grammatikthemen und Wortschatz passen zu den einzelnen Lektionen von *Schritte plus Neu*, können aber auch zu anderen Lehrwerken eingesetzt werden.

Möglichkeit 1: Kartenspiel mit Spielbrett 1

VORBEREITUNG
Kopieren Sie für jede Gruppe ein Grammatikspiel zweiseitig auf stärkeres Papier. Auf der Vorderseite stehen 18 Aufgaben, auf der Rückseite die passenden Lösungen. Beachten Sie dabei die Kopierhinweise auf Seite 2.
Zerschneiden Sie nun jede Kopie in 18 Grammatikkärtchen oder bringen Sie genug Scheren mit, damit die TN die Karten selbst ausschneiden können.
Kopieren Sie außerdem für jede Gruppe das Spielbrett 1 auf Seite 6.

1 Die TN bilden Dreiergruppen.
2 Jede Gruppe erhält einen Stapel mit 18 ausgeschnittenen Grammatikkarten und ein Spielbrett 1.
3 Spielbrett 1 wird auf den Tisch gelegt. Die Grammatikkarten liegen mit der Vorderseite nach oben auf einem Stapel.

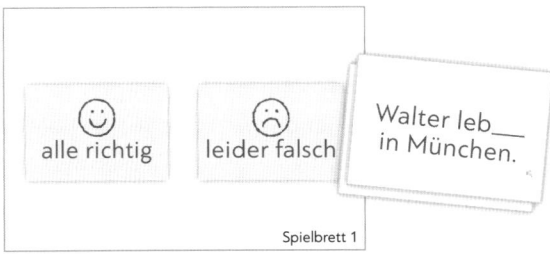

4 Alle TN lesen die oberste Grammatikkarte. TN 1 löst die erste Aufgabe. TN 2 und TN 3 stimmen zu bzw. machen einen Gegenvorschlag.
5 Anschließend wird die Lösung mithilfe der Rückseite der Grammatikkarte überprüft.

6 Haben <u>alle</u> TN einer Kleingruppe die richtige Lösung genannt, kommt die Grammatikkarte auf das Feld „alle richtig", andernfalls wird sie auf das Feld „leider falsch" gelegt.

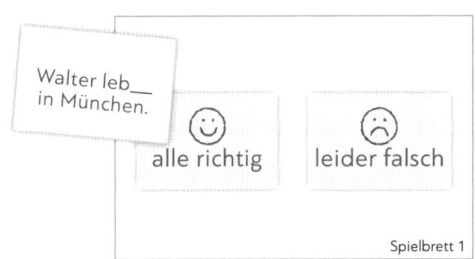

7 Nun ist TN 2 mit der nächsten Karte dran. TN 1 und 3 kommentieren ihre/seine Lösung. Es folgen Schritt 5 und Schritt 6. Dann macht TN 3 weiter.
8 In einem zweiten Durchgang werden nur noch die auf dem Feld „leider falsch" liegenden Karten bearbeitet. Bei Bedarf können noch weitere Durchgänge folgen.
9 Das Spiel endet, wenn alle Grammatikkarten auf dem Feld „alle richtig" liegen.

Möglichkeit 2: Kartenspiel mit Spielbrett 1 und Lückenkarten

Bei den Spielvorlagen zu Lektion 2, 3, 4, 7 und 14 gibt es eine zusätzliche Kopiervorlage mit sogenannten Lückenkarten (z. B. Seite 15).

VORBEREITUNG
Kopieren Sie für jede Gruppe ein Grammatikspiel zweiseitig auf stärkeres Papier. Auf der Vorderseite stehen 18 Aufgaben, auf der Rückseite die passenden Lösungen. Beachten Sie bitte die Kopierhinweise auf Seite 2.
Zerschneiden Sie nun jede Kopie in 18 Grammatikkärtchen.
Kopieren Sie außerdem für jede Gruppe die Kopiervorlage mit den Lückenkarten auf stärkeres Papier und schneiden Sie die Kärtchen aus.
Kopieren Sie auch für jede Gruppe das Spielbrett 1 auf Seite 6.

Illustrationen: Jörg Saupe, Düsseldorf

Grammatikspiele **Anleitung**

Schritte PLUS NEU A1
Spielesammlung

Grammatikkarte
Vorderseite

Grammatikkarte
Rückseite

Spielbrett 1

Lückenkartenset

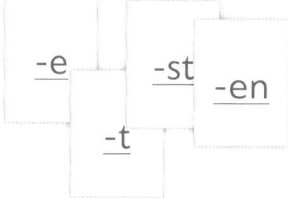

1. Die TN bilden Dreiergruppen.
2. Jede Gruppe erhält einen Stapel mit 18 ausgeschnittenen, zweiseitigen Grammatikkärtchen, ein Spielbrett 1 und drei Sets Lückenkarten (Seite 15).
3. Spielbrett 1 wird auf den Tisch gelegt. Die Grammatikkarten liegen mit der Vorderseite nach oben auf einem Stapel. Jeder Spieler erhält ein Set Lückenkarten, die er verdeckt in der Hand hält.

4. Die TN lesen die oberste Grammatikkarte. Jede/r TN einer Gruppe legt ohne zu sprechen die passende Lückenkarte verdeckt auf den Tisch.
5. Anschließend werden alle Lückenkarten aufgedeckt und mit der Lösung auf der Rückseite der Grammatikkarte verglichen.

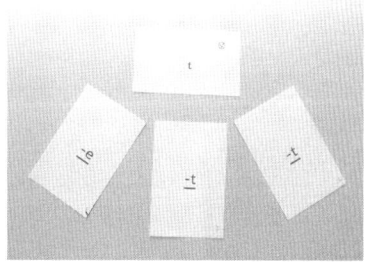

6. Haben alle TN einer Kleingruppe die richtige Lösung gewählt, kommt die Grammatikkarte auf das Feld „alle richtig", andernfalls wird sie auf das Feld „leider falsch" gelegt.
7. In einem zweiten Durchgang werden nur noch die auf dem Feld „leider falsch" liegenden Karten bearbeitet. Bei Bedarf können noch weitere Durchgänge folgen.
8. Das Spiel endet, wenn alle Grammatikkarten auf dem Feld „alle richtig" liegen.

Möglichkeit 3: Gegenseitiges Abfragen

VORBEREITUNG: Kopieren Sie für jede Gruppe ein Grammatikspiel zweiseitig auf stärkeres Papier. Auf der Vorderseite stehen 18 Aufgaben, auf der Rückseite die passenden Lösungen. Beachten Sie dabei die Kopierhinweise auf Seite 2. Zerschneiden Sie nun jede Kopie in 18 Grammatikkärtchen oder bringen Sie genug Scheren mit, damit die TN die Karten selbst ausschneiden können.

1. Die TN arbeiten zu zweit. Jede Zweiergruppe erhält ein Set mit 18 Grammatikkarten, das die TN unter sich aufteilen. Jede/r TN bekommt also neun Kärtchen.
2. Die TN fragen sich abwechselnd ab und benutzen die Rückseite der Karten zur Kontrolle. Geübte TN lesen die Aufgabe vor, ungeübte zeigen der Partnerin / dem Partner die Karte.
3. Richtig gelöste Aufgaben werden abgelegt, falsch gelöste Aufgaben werden in der nächsten Runde noch einmal abgefragt.
4. Das Spiel endet, wenn jede/r TN die neun Aufgaben richtig gelöst hat. Besonders schwierige Sätze können im Heft notiert werden.
5. Anschließend können die Partner ihre neun Kärtchen tauschen und weitere Durchgänge spielen.

Illustrationen: Jörg Saupe, Düsseldorf

Grammatikspiele Anleitung

Schritte PLUS NEU A1
Spielesammlung

Möglichkeit 4: Gruppenwettbewerb

VORBEREITUNG

Kopieren Sie ein Grammatikspiel zweiseitig auf stärkeres Papier. Auf der Vorderseite stehen 18 Aufgaben, auf der Rückseite die passenden Lösungen. Beachten Sie dabei die Kopierhinweise auf Seite 2. Zerschneiden Sie nun die Kopie in 18 Grammatikkärtchen.
Variante: Projizieren Sie die Vorderseite des Grammatikspiels (z. B. mit Tageslichtprojektor) an die Wand und decken Sie dann eine Aufgabe nach der anderen auf.

1 Das Spiel wird in Form eines Wettbewerbs für zwei, drei oder sechs Kleingruppen durchgeführt. Die 18 Grammatikkärtchen werden gleichmäßig auf die Gruppen verteilt.
2 Eine/Ein TN liest den gegnerischen Gruppen die Aufgabe auf einer Karte vor. Die Gruppe, die sich zuerst meldet und die richtige Lösung nennt, bekommt die Karte. War die Antwort falsch, haben die anderen Gruppen die Möglichkeit zu antworten.
3 Dann ist die nächste Gruppe mit dem Vorlesen einer Aufgabe an der Reihe usw. Die Gruppe, die am Ende die meisten Karten (richtige Antworten) hat, hat gewonnen.

Variante: Bei schwierigen Aufgaben ist es besser, die Vorderseite des Grammatikspiels zu projizieren und nach und nach aufzudecken.

Möglichkeit 5: Brettspiel

VORBEREITUNG

Kopieren Sie für jede Gruppe die Vorderseite eines Grammatikspiels, am besten auf DIN-A3 vergrößert als Spielbrett. Schreiben Sie auf das Spielbrett oben links „Start" und unten rechts „Ziel", nummerieren Sie die Felder und geben Sie Richtungspfeile und Trennlinien vor, damit die TN wissen, wie sie sich auf dem Spielbrett bewegen müssen.
Darüber hinaus brauchen Sie für jede/n TN einen Spielstein und für jede Kleingruppe einen Würfel.
Variante: Stellen Sie die Rückseite des Grammatikspiels als Lösungsschlüssel zur Verfügung. Dabei ist jedoch zu beachten, dass die Spalten dann spiegelverkehrt sind. Daher sollten Sie vor dem Kopieren die Spalten 1 und 3 vertauschen oder die einzelnen Felder nummerieren.

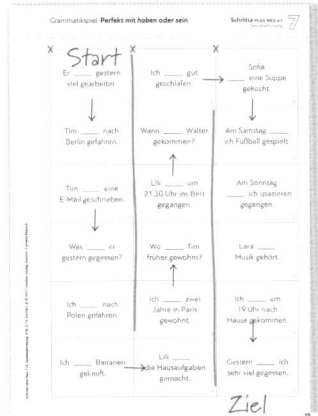

1 Die TN bilden Gruppen zu je 3–4 TN. Jede/r TN erhält einen Spielstein. Jede Gruppe bekommt einen Würfel und ein Spielbrett.
2 TN 1 würfelt, zieht und löst die jeweilige Aufgabe. Ist die Antwort falsch, muss sie/er zwei Felder zurück. Dann ist TN 2 an der Reihe.
3 Gewonnen hat, wer als Erstes das Ziel erreicht.
4 Wenn die Gruppe sehr schnell fertig ist, kann sie weitere Durchläufe machen.

Variante: Wenn Sie die Rückseite der Kopiervorlage als Lösung verwenden möchten, sollten Sie eine/n TN der Gruppe bestimmen, die/der nicht direkt mitspielt, sondern nur mit dem Lösungsblatt die Antworten überprüft. Dann ist es sinnvoll, mehrere Runden zu planen, sodass jede/r einmal „Kontrolleur" ist. Zur Binnendifferenzierung bietet es sich an, den schwächsten Spieler in der ersten Runde als Kontrolleur einzusetzen.

Möglichkeit 6: Lernstationen

VORBEREITUNG

Wählen Sie verschiedene Grammatikthemen, Wortschatzspiele, Artikel oder Mini-Gespräche aus. Kopieren Sie von jedem Spiel ein oder zwei Sätze zweiseitig auf stärkeres Papier. Auf der Vorderseite stehen die Aufgaben, auf der Rückseite die passenden Lösungen. Beachten Sie bitte die Kopierhinweise auf Seite 2.
Zerschneiden Sie nun die Kopien in einzelne Kärtchen.
Bauen Sie je nach TN-Zahl genügend Stationen mit unterschiedlichen Aufgaben im Kursraum auf. Weisen Sie an jeder Station darauf hin, was genau geübt werden soll. Legen Sie außerdem bei Bedarf zu jeder Aufgabe eine schriftliche Anleitung aus.

Grammatikspiele Anleitung

Die TN gehen von Station zu Station und lösen die Aufgaben selbstständig oder in Partnerarbeit. Die Kontrolle erfolgt mithilfe der Lösung auf der Rückseite. Stehen Sie für Fragen zur Verfügung.

Möglichkeit 7: Lernkartei

VORBEREITUNG
Wählen Sie verschiedene Grammatikthemen, Wortschatzspiele, Artikel oder Mini-Gespräche aus. Kopieren Sie von jedem Spiel ein oder zwei Sätze zweiseitig auf stärkeres Papier. Auf der Vorderseite stehen die Aufgaben, auf der Rückseite die passenden Lösungen. Beachten Sie bitte die Kopierhinweise auf Seite 2.
Schaffen Sie einen Karteikasten an, in den Sie die Kärtchen nach Themen oder Lektionen sortiert einordnen. Der Karteikasten steht für alle zugänglich im Kursraum.

TN, die bereits einige Zeit vor Unterrichtsbeginn eintreffen oder die bei gemeinsamen Übungen schneller als andere fertig sind, nehmen sich die Kärtchen und können auf diese Weise die Zeit zur Wiederholung nutzen.
Alternativ können Sie die Kärtchen auch für die TN kopieren oder sie schwächeren TN zur Wiederholung nach Hause mitgeben.

Möglichkeit 8: Arbeitsblatt

VORBEREITUNG
Kopieren Sie die Vorderseite eines Grammatikspiels für jede/n TN als Arbeitsblatt.
Variante: Kopieren Sie auf die Rückseite die Blanko-Vorlage von Seite 8.

1 Die TN bearbeiten das Arbeitsblatt.
2 Anschließend wird die Aufgabe korrigiert.
Variante: Wenn Sie auch die Blanko-Vorlage kopiert haben, können die TN die Lösung auf die Rückseite schreiben. Manche TN verwirrt es, dass die Blanko-Vorlage spiegelverkehrt ausgefüllt werden muss. In diesem Fall ist es hilfreich, die einzelnen Felder auf beiden Seiten zu nummerieren. Nachdem die Aufgaben im Plenum korrigiert wurden, können die Karten ausgeschnitten und zum selbstständigen Üben mit einer eigenen Lernkartei (siehe Möglichkeit 7) verwendet werden.

Einsatz im Unterricht

Die Grammatikspiele eignen sich besonders
- zur Vertiefung und Automatisierung bekannter Strukturen: Die Grammatikspiele sind vor allem für die Phase nach der Einführung neuer Strukturen als zusätzliches Übungsmaterial geeignet.
- zur Aktivierung der Teilnehmer: Besonders, wenn es um Grammatik geht, haben manche TN Hemmungen, sich zu äußern. Sie fürchten sich, Fehler vor der Gruppe zu machen oder korrigiert zu werden. Durch die spielerische Übungsform werden auch zurückhaltende TN dazu angeregt, sich aktiv zu beteiligen.
- zur Wiederholung und Auffrischung bekannter Strukturen: Setzen Sie die Spiele gern auch einige Lektionen oder gar Niveaustufen später ein, um die Kenntnisse aufzufrischen. Auch kurz vor einem Test ist eine spielerische Wiederholung hilfreich.
- zur Binnendifferenzierung: Wenn nur einzelne TN Schwierigkeiten haben, können Sie diese in einer Kleingruppe zusammenfassen und intensiv unterstützen, während die anderen Kleingruppen mithilfe der Lösungen auf der Rückseite selbstständig mit den Grammatikspielen arbeiten. In heterogenen Kleingruppen helfen stärkere TN in der Regel gern schwächeren TN. Wenn Sie schwächeren TN oder TN, die im Unterricht gefehlt haben, zusätzliche Übungsmöglichkeiten geben möchten, können Sie ihnen die Karten nach Hause mitgeben. Hier bietet es sich auch an, die TN beim Aufbau einer eigenen Lernkartei zu unterstützen.
- zur Auflockerung und Motivation: Der spielerische Charakter trägt zur Auflockerung des Unterrichts bei. Durch die Arbeit in Kleingruppen sind alle TN aufgefordert, sich aktiv zu beteiligen. Manche TN spornt es an, sich mit anderen zu messen. Außerdem können die TN sich gegenseitig motivieren und Lernerfahrungen austauschen.

Grammatikspiel: Verbkonjugation

Walter leb____ in München.	Entschuldigung, wie heiß____ Sie?	Meine Schwester heiß____ Sofia.
Ich wohn____ in Deutschland.	Wo wohn____ du?	Wo wohn____ ihr?
Komm____ ihr aus Italien?	Ich hab____ zwei Kinder.	Sprech____ ihr Englisch?
Lara und Tim leb____ in München.	Walter und Luise hab____ eine Tochter.	Lara komm____ aus Polen.
Woher komm____ du?	Sprich____ du Arabisch?	Wie heiß____ ihr?
Wir leb____ in Hamburg.	Hab____ Sie Kinder?	Ich sprech____ Deutsch.

Grammatikspiel: Verbkonjugation

	✓		✓		✓
	t		en		t
	✓		✓		✓
	t		st		e
	✓		✓		✓
	t		e		t
	✓		✓		✓
	t		en		en
	✓		✓		✓
	t		st		st
	✓		✓		✓
	e		en		en

Lückenkarten zur **Verbkonjugation**

Schritte PLUS NEU A1
Spielesammlung

Spieler 1	Spieler 2	Spieler 3
-e	-e	-e
-st	-st	-st
-t	-t	-t
-en	-en	-en

Grammatikspiel: **Unbestimmter Artikel und Negativartikel**

Das ist kein____ Apfel.	Das ist ein____ Ei.	Ist das ein____ Tomate?
Das ist kein____ Brötchen.	Ist das ein____ Kartoffel?	Das ist kein____ Fleisch.
Das ist kein____ Sahne.	Das ist ein____ Joghurt.	Das sind kein____ Eier.
Das sind kein____ Tomaten.	Das ist kein____ Schokolade.	Das ist kein____ Milch.
Das ist kein____ Käse.	Das sind kein____ Orangen.	Das ist ein____ Kilo Kartoffeln.
Das ist ein____ Getränk.	Das ist kein____ Kaffee.	Das ist kein____ Tee.

Grammatikspiel: Unbestimmter Artikel und Negativartikel

Schritte PLUS NEU A1
Spielesammlung 3

	✓		✓		✓
e		–		–	
	✓		✓		✓
–		e		–	
	✓		✓		✓
e		–		e	
	✓		✓		✓
e		e		e	
	✓		✓		✓
–		e		–	
	✓		✓		✓
–		–		–	

Lückenkarten zu **unbestimmtem Artikel und Negativartikel**

Schritte PLUS NEU A1
Spielesammlung 3

Spieler 1	Spieler 2	Spieler 3
keine	keine	keine
kein	kein	kein
eine	eine	eine
ein	ein	ein

Grammatikspiel: **Bestimmter Artikel und Personalpronomen**

Schritte PLUS NEU A1 — Spielesammlung 4

Wo ist _____ Kantstraße? – _____ ist hier.	Wo ist hier _____ Telefon? – _____ ist dort.	Wie gefällt Ihnen _____ Lampe? – _____ ist sehr schön.
Woher kommt _____ Mann? – _____ kommt aus Österreich.	Wo sind _____ Tomaten? – _____ sind hier.	Wo ist _____ Verkäufer? – _____ kommt sofort.
Entschuldigung, wo ist _____ Toilette? – _____ ist hier.	Gefällt Ihnen _____ Wohnung? – Ja, _____ ist schön.	Wo ist _____ Bad? – _____ ist dort.
Wo ist _____ Garage? – _____ ist da.	Was kosten _____ Stühle? – _____ sind nicht billig: 180 Euro.	Wo ist _____ Wein? – _____ ist dort.
Welche Farbe hat _____ Schrank? – _____ ist weiß.	Wie sind _____ Betten? – _____ sind breit.	Gefällt Ihnen _____ Haus? – Nein, _____ ist sehr klein.
Wie viel kostet _____ Brot? – _____ kostet 2,90 Euro.	Wie gefallen Ihnen _____ Möbel? – _____ sind schön.	Wie alt ist _____ Tisch? – _____ ist sechs Jahre alt.

Grammatikspiel: **Bestimmter Artikel und Personalpronomen**

die – Sie	das – Es	die – Sie
der – Er	die – Sie	der – Er
das – Es	die – sie	die – Sie
der – Er	die – Sie	die – Sie
das – es	die – Sie	der – Er
der – Er	die – Sie	das – Es

Lückenkarten zu **bestimmtem Artikel und Personalpronomen**

Schritte PLUS NEU A1
Spielesammlung 4

Spieler 1	Spieler 2	Spieler 3
sie	sie	sie
die	die	die
es	es	es
das	das	das
er	er	er
der	der	der

Grammatikspiel: **Verbkonjugation, trennbare Verben**

Mein Bruder – im Supermarkt – arbeiten	Am Abend – ich – fernsehen	Der Deutschkurs – um 9.30 Uhr – anfangen
Ich – meine Mutter – anrufen	Um 13 Uhr – wir – essen	Er – kein Schweinefleisch – essen
Robert – 30 Jahre alt – sein	Er – ein bisschen Deutsch – sprechen	Um 7 Uhr – ich – aufstehen
Ich – nicht so gern – spazieren gehen	Ihr – gern Kuchen – essen	Die Kinder – das Kinderzimmer – aufräumen
Du – immer spät – aufstehen	Ich – die Wohnung – aufräumen	Du – verheiratet – sein
Ihr – müde – sein	Tim – gern – fernsehen	Du – gern Obst – essen

Grammatikspiel: **Verbkonjugation, trennbare Verben**

⊘ Der Deutschkurs **fängt** um 9.30 Uhr **an**.	⊘ Am Abend **sehe** ich **fern**.	⊘ Mein Bruder **arbeitet** im Supermarkt.
⊘ Er **isst** kein Schweinefleisch.	⊘ Um 13 Uhr **essen** wir.	⊘ Ich **rufe** meine Mutter **an**.
⊘ Um 7 Uhr **stehe** ich **auf**.	⊘ Er **spricht** ein bisschen Deutsch.	⊘ Robert **ist** 30 Jahre alt.
⊘ Die Kinder **räumen** das Kinderzimmer **auf**.	⊘ Ihr **esst** gern Kuchen.	⊘ Ich **gehe** nicht so gern **spazieren**.
⊘ Du **bist** verheiratet.	⊘ Ich **räume** die Wohnung **auf**.	⊘ Du **stehst** immer spät **auf**.
⊘ Du **isst** gern Obst.	⊘ Tim **sieht** gern **fern**.	⊘ Ihr **seid** müde.

Grammatikspiel: **Nominativ oder Akkusativ?**

Möchtest du e____ Cola?	Wo ist d____ Buch?	Ich habe e____ Sohn und e____ Tochter.
Hast du e____ Buch?	Wir haben k____ Milch mehr.	Hast du e____ Fußball dabei?
Ich hätte gern e____ Apfelkuchen.	Wir brauchen e____ neuen Kühlschrank.	Ich hätte gern e____ Hamburger.
Sind Sie d____ Vater von Maria?	Ich frage d____ Vater von Maria.	Möchten Sie e____ Kaffee?
Wo ist bitte d____ Verkäufer?	Haben Sie d____ Hausaufgaben dabei?	Trinkst du noch e____ Apfelsaft?
Trinkst du auch e____ Tee?	D____ Tee ist kalt.	Tut mir leid, wir haben k____ Bananen mehr.

Grammatikspiel: **Nominativ oder Akkusativ?**

☑	☑	☑
einen – eine	das	ein/e
☑	☑	☑
einen	keine	ein
☑	☑	☑
einen	einen	einen
☑	☑	☑
einen	den	der
☑	☑	☑
einen	die	der
☑	☑	☑
keine	Der	einen

Grammatikspiel: **Perfekt mit** *haben* **oder** *sein*?

Schritte PLUS NEU A1
Spielesammlung 7

Er _____ gestern viel gearbeitet.	Ich _____ gut geschlafen.	Sofia _____ eine Suppe gekocht.
Tim _____ nach Berlin gefahren.	Wann _____ Walter gekommen?	Am Samstag _____ ich Fußball gespielt.
Tim _____ eine E-Mail geschrieben.	Lili _____ um 21.30 Uhr ins Bett gegangen.	Am Sonntag _____ ich spazieren gegangen.
Was _____ er gestern gegessen?	Wo _____ Tim früher gewohnt?	Lara _____ Musik gehört.
Ich _____ nach Polen gefahren.	Ich _____ zwei Jahre in Paris gewohnt.	Ich _____ um 19 Uhr nach Hause gekommen.
Ich _____ Bananen gekauft.	Lili _____ die Hausaufgaben gemacht.	Gestern _____ ich sehr viel gegessen.

Grammatikspiel: **Perfekt mit *haben* oder *sein*?**

Schritte PLUS NEU A1
Spielesammlung 7

hat	habe	hat
habe	ist	ist
bin	ist	hat
hat	hat	hat
bin	habe	bin
habe	hat	habe

Lückenkarten zum **Perfekt mit *haben* und *sein***   **Schritte PLUS NEU A1**
Spielesammlung 7

Spieler 1	Spieler 2	Spieler 3
habe	habe	habe
hat	hat	hat
bin	bin	bin
ist	ist	ist

Grammatikspiel: **Präsens und Präteritum:** *sein* und *haben*

Wo _____ (sein) du gestern?	Ich _____ (sein) gestern zu Hause.	Leider _____ (haben) wir gestern keine Zeit.
Gestern _____ (sein) wir im Kino.	Anna _____ (haben) früher viel Arbeit.	Heute _____ (sein) es kalt.
_____ (haben) du früher viele Freunde?	_____ (sein) du heute krank?	Wo _____ (sein) ihr gestern Nachmittag?
Heute _____ (sein) ich sehr müde.	Olli und Claudia _____ (haben) heute keine Zeit.	Früher _____ (haben) ich kein Geld.
Jetzt _____ (sein) ihr in Deutschland.	Früher _____ (sein) Manos arbeitslos.	Heute _____ (sein) wir am Abend zu Hause.
Jetzt _____ (haben) ich keine Arbeit.	Jetzt _____ (haben) Lara viele Freunde.	_____ (haben) ihr gestern auch so schlechtes Wetter?

Grammatikspiel: Präsens und Präteritum: *sein* und *haben*

Schritte PLUS NEU A1 — Spielesammlung 8

hatten	war	warst
ist	hatte	waren
wart	Bist	Hattest
hatte	haben	bin
sind	war	seid
Hattet	hat	habe

Grammatikspiel: **Modalverben**

ich – Ihnen – helfen – Können – ?	Ich – jetzt – gehen – müssen – .	du – mich heiraten – Wollen – ?
Ich – noch nicht – schlafen – wollen – .	Hier – du – nicht rauchen – dürfen – .	Du – jetzt – ins Bett gehen – müssen – .
Papa – heute lange – arbeiten – müssen – .	Sie mir – helfen – Können – ?	du – einen Kaffee – Möchten – ?
du – einen Moment – warten – Können – ?	Mein Sohn – heute nicht – in die Schule – gehen – können – .	Er – keinen Alkohol – trinken – dürfen – .
ihr – Englisch – Können – ?	ihr – heute – Pizza essen – Wollen – ?	Tim – ins Kino – gehen – möchten – .
Er – hier – bleiben – wollen – .	Hier – Sie – nicht parken – dürfen – .	Herr Lopez, Sie – den Kurs noch – bezahlen – müssen – .

Grammatikspiel: **Modalverben**

Schritte PLUS NEU A1
Spielesammlung
9

- **Willst** du mich heiraten?
- Ich **muss** jetzt gehen.
- **Kann** ich Ihnen helfen?
- Du **musst** jetzt ins Bett gehen.
- Hier **darfst** du nicht rauchen.
- Ich **will** noch nicht schlafen.
- **Möchtest** du einen Kaffee?
- **Können** Sie mir helfen?
- Papa **muss** heute lange arbeiten.
- Er **darf** keinen Alkohol trinken.
- Mein Sohn **kann** heute nicht in die Schule gehen.
- **Kannst** du einen Moment warten?
- Tim **möchte** ins Kino gehen.
- **Wollt** ihr heute Pizza essen?
- **Könnt** ihr Englisch?
- Herr Lopez, Sie **müssen** den Kurs noch bezahlen.
- Hier **dürfen** Sie nicht parken.
- Er **will** hier bleiben.

Grammatikspiel: **Possessivartikel:** *sein-* und *ihr-*: Was tut weh?

Schritte PLUS NEU A1 — Spielesammlung 10

der Kopf 10	die Hand 10	der Bauch 10
die Ohren 10	das Bein 10	die Augen 10
der Fuß 10	der Hals 10	der Rücken 10
der Zahn 10	die Hand 10	das Auge 10
der Arm 10	das Knie 10	der Hals 10
die Nase 10	die Brust 10	der Kopf 10

Illustrationen: Jörg Saupe, Düsseldorf

Grammatikspiel: **Possessivartikel:** *sein-* und *ihr-*: Was tut weh?

○	○	○
sein Bauch	ihr**e** Hand	sein Kopf
○	○	○
sein**e** Augen	ihr Bein	ihr**e** Ohren
○	○	○
ihr Rücken	sein Hals	sein Fuß
○	○	○
ihr Auge	sein**e** Hand	ihr Zahn
○	○	○
ihr Hals	sein Knie	sein Arm
○	○	○
ihr Kopf	sein**e** Brust	sein**e** Nase

Grammatikspiel: **Lokale Präpositionen:** *bei* und *in*   Schritte PLUS NEU A1 Spielesammlung

Ich war _____ Kino.	Warst du heute schon _____ Supermarkt?	Ich war _____ mein____ Freundin.
Ich wohne _____ Langstraße _____ Zürich.	Ich war gerade _____ Bäckerei.	Gestern war ich _____ Arzt.
Am Vormittag ist Sara _____ Schule.	Am Samstag sind wir _____ Park spazieren gegangen.	Ich bin gerade _____ Antonio.
Meine Tante wohnt _____ Schweiz.	Sara wohnt noch _____ ihr____ Eltern.	Ich bin gerade _____ Deutschkurs.
Wir waren _____ Stadt und haben einen Schrank gekauft.	Das Büro ist _____ dritten Stock.	Am Wochenende waren wir _____ Freunden.
Den Computer habe ich _____ Aldo gekauft.	Letztes Jahr war ich _____ Österreich, _____ Wien.	Hasan arbeitet _____ WAFAG.

Grammatikspiel: **Lokale Präpositionen:** *bei* und *in*

⊘	⊘	⊘
bei meiner	im	im
⊘	⊘	⊘
beim	in der	in der – in
⊘	⊘	⊘
bei	im	in der
⊘	⊘	⊘
im	bei ihren	in der
⊘	⊘	⊘
bei	im	in der
⊘	⊘	⊘
bei	in – in	bei

Grammatikspiel: **Lokale Präpositionen:** *zu, nach, in*

Morgen möchte ich _____ Friseur gehen.	Ich fahre _____ mein_____ Freund.	Ich gehe jetzt _____ Fußballplatz.
Wir müssen noch schnell _____ Supermarkt gehen.	Lili geht schon _____ Schule.	In der Pause gehen wir _____ Bäckerei.
Kannst du das Auto _____ Werkstatt bringen?	Ich fahre _____ Istanbul.	Nach dem Kurs gehe ich _____ Lara.
Ich muss heute _____ Zahnarzt.	Ich habe kein Geld mehr. Ich muss _____ Bank.	Ich bin müde. Ich gehe jetzt _____ Hause.
2016 bin ich zum ersten Mal _____ Österreich gefahren.	Kommst du mit _____ Kino?	Ich gehe _____ Bushaltestelle.
Am Wochenende gehen wir _____ Park.	Sofia geht _____ Apotheke.	Nächstes Jahr möchten wir _____ Schweiz fahren.

Grammatikspiel: Lokale Präpositionen: *zu, nach, in*

zum	zu meinem	zum
zur (in die)	zur (in die)	zum (in den)
zu	nach	zur (in die)
nach	zur	zum
zur	ins	nach
in die	zur (in die)	in den

Grammatikspiel: Temporale Präpositionen: vor, bei, nach

Bitte, wasch dir vor _____ Essen die Hände.	Nach _____ Prüfung machen wir eine kleine Party.	Bei____ Frühstück lese ich gern Zeitung.
Vor _____ Prüfung möchte ich alles gut lernen.	Vor _____ Party muss ich noch zum Friseur.	Bei _____ Hausaufgaben höre ich immer Musik.
Bitte stör mich nicht bei____ Telefonieren.	Vergiss nicht: nach _____ Essen Zähne putzen!	Mama, darf ich spielen? – Erst nach _____ Hausaufgaben.
Wir sehen bei____ Essen immer fern.	Bei____ Joggen sollten Sie nicht zu viel sprechen.	Vor _____ Reise müssen wir noch einkaufen.
Nach _____ Arbeit gehe ich noch einkaufen.	Nach _____ Essen trinkt er einen Kaffee.	Darf man bei____ Autofahren telefonieren?
Nach _____ Fest räumen wir alle zusammen auf.	Nach _____ Sport können Sie hier duschen.	Bei _____ Arbeit dürfen Sie nicht rauchen.

Grammatikspiel: **Temporale Präpositionen:** *vor, bei, nach*

Schritte PLUS NEU A1
Spielesammlung
12

Beim	der	dem
den	der	der
den	dem	beim
der	Beim	beim
beim	dem	der
der	dem	dem

Grammatikspiel: **Frageartikel** *welch-?*

_____ Kurs möchten Sie besuchen?	_____ Brot soll ich kaufen?	_____ U-Bahn fährt zum Hauptbahnhof?
_____ Hose findest du schöner?	_____ Restaurant können Sie mir empfehlen?	_____ Kleid steht mir am besten?
_____ Anzug möchtest du?	_____ Pullover gefällt dir besser?	_____ Bluse möchten Sie?
_____ Mantel gehört Ihnen?	_____ Seite sollen wir lesen?	_____ Jacke ist besser?
_____ Kuchen hätten Sie gern?	_____ Film willst du sehen?	Mama, _____ Schuhe soll ich anziehen?
_____ Übung sollen wir als Hausaufgabe machen?	_____ Buch hast du gelesen?	_____ Lied möchtest du hören?

Grammatikspiel: **Frageartikel** *welch*-?

Schritte PLUS NEU A1
Spielesammlung

13

✓ Welche	✓ Welches	✓ Welchen
✓ Welches	✓ Welches	✓ Welche
✓ Welche	✓ Welcher	✓ Welchen
✓ Welche	✓ Welche	✓ Welcher
✓ welche	✓ Welchen	✓ Welchen
✓ Welches	✓ Welches	✓ Welche

Grammatikspiel: **Personalpronomen:** *dich* oder *dir* / *Sie* oder *Ihnen*

Die Jacke passt _____ gut.	Wie geht es _____ ?	Passen _____ die Schuhe?
Ich möchte _____ gern etwas erzählen.	Gehören die Schlüssel _____ ?	Ich möchte _____ einladen.
Am Sonntag kann ich _____ besuchen.	Ich gebe _____ Bescheid.	Ich rufe _____ morgen an.
Kann ich _____ etwas fragen?	Gefallen _____ die Schuhe?	Ich habe _____ nicht gesehen.
Ich habe _____ nicht verstanden.	Ich finde _____ total nett.	Ich kenne _____ , oder?
Soll ich _____ helfen?	Hat es _____ geschmeckt?	Wie hat _____ der Film gefallen?

Grammatikspiel: **Personalpronomen:** *dich* oder *dir* / *Sie* oder *Ihnen*

Schritte PLUS NEU A1
Spielesammlung
14

⊘ dir / Ihnen	⊘ dir / Ihnen	⊘ dir / Ihnen
⊘ dich / Sie	⊘ dir / Ihnen	⊘ dir / Ihnen
⊘ dich / Sie	⊘ dir / Ihnen	⊘ dich / Sie
⊘ dich / Sie	⊘ dir / Ihnen	⊘ dich / Sie
⊘ dich / Sie	⊘ dich / Sie	⊘ dich / Sie
⊘ dir / Ihnen	⊘ dir / Ihnen	⊘ dir / Ihnen

Lückenkarten zu **Personalpronomen**: *dich* oder *dir* / *Sie* oder *Ihnen*

Schritte PLUS NEU A1
Spielesammlung
14

Hinweis:
Jede Spielerin / Jeder Spieler erhält in der ersten Runde eine „dich"- und eine „dir"-Karte. In einer zweiten Runde des Spiels können Sie mit „Sie" und „Ihnen" üben. Teilen Sie dazu jeder Spielerin / jedem Spieler eine „Sie"- und „Ihnen"-Karte aus.

Spieler 1	Spieler 2	Spieler 3
Ihnen	Ihnen	Ihnen
Sie	Sie	Sie

Spieler 1	Spieler 2	Spieler 3
dir	dir	dir
dich	dich	dich

Wortschatzspiele Anleitung

Schritte PLUS NEU A1
Spielesammlung

Auf den Seiten 57 – 84 finden Sie **14 verschiedene Vorlagen für Wortschatzspiele**.
Jedes Spiel besteht aus einer zweiseitigen Kopiervorlage. Auf der Vorderseite stehen Wörter, auf der Rückseite mit Häkchen ⓥ stehen Worterklärungen in Form von Synonymen, Antonymen, Bildern, Beispielsätzen oder Umschreibungen.

Wortschatzkarte

Vorderseite:  Rückseite:
Wort   Erklärung/Bild

Zu jeder Vorlage gibt es **14 verschiedene Einsatzmöglichkeiten**, z. B. als Kartenspiel, als Klassenspaziergang, als Wettbewerb oder als Brettspiel.

Die Wörter zu den Wortschatzspielen entsprechen dem Lernwortschatz von *Schritte plus Neu 1 und 2*.

Möglichkeit 1: Erklärung → Wort

> **VORBEREITUNG**
> Kopieren Sie für jede Gruppe ein Wortschatzspiel zweiseitig auf stärkeres Papier. Auf der Vorderseite stehen 15 Wörter, auf der Rückseite die passenden Erklärungen oder Bilder.
> Beachten Sie bitte auch die Kopierhinweise auf Seite 2.
> Zerschneiden Sie nun jede Kopie in 15 Wortkärtchen oder bringen Sie genug Scheren mit, damit die TN die Karten selbst ausschneiden können.
> Kopieren Sie außerdem für jede Gruppe das Spielbrett 1 auf Seite 6.

1 Die TN bilden Dreiergruppen. Jede Gruppe erhält ein Spielbrett 1 sowie 15 Wortschatzkarten. Die Kärtchen liegen mit der Rückseite, also mit der Worterklärung oder Bild, nach oben in einem Stapel auf dem Tisch.

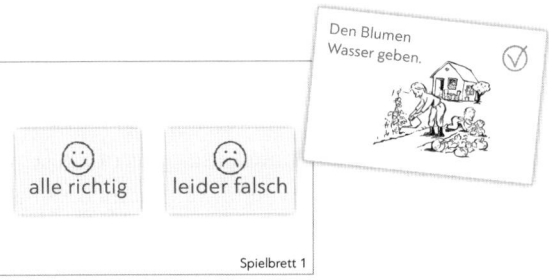

2 TN 1 liest die Worterklärung der oben aufliegenden Karte vor bzw. betrachtet das Bild und nennt das gesuchte Wort. Bei Nomen sollte auch der Artikel genannt werden. Wenn die/der TN keine Antwort weiß, bekommt TN 2 die Möglichkeit, das gesuchte Wort zu sagen. Ist die Gruppe mit der Lösung einverstanden, wird die Wortschatzkarte umgedreht, um die Antwort mit der Lösung zu überprüfen.

3 War die Lösung richtig, kommt die Karte auf das Feld „alle richtig", andernfalls wird sie auf das Feld „leider falsch" gelegt.

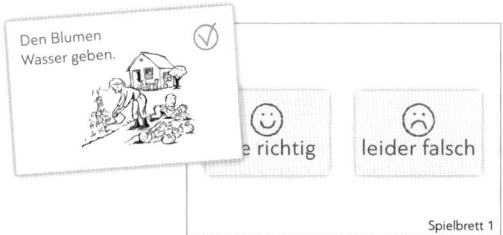

4 Nun ist TN 2 mit der nächsten Karte an der Reihe.

5 In einem zweiten Durchlauf werden die Karten von dem Feld „leider falsch" erneut bearbeitet. Das Spiel endet, wenn alle Wortkarten auf dem Feld „alle richtig" liegen.

Illustrationen: Jörg Saupe, Düsseldorf

Wortschatzspiele **Anleitung**

Schritte PLUS NEU A1
Spielesammlung

Möglichkeit 2: Wort → Erklärung (ab A1.2)

VORBEREITUNG

Kopieren Sie für jede Gruppe ein Wortschatzspiel zweiseitig auf stärkeres Papier. Auf der Vorderseite stehen 15 Wörter, auf der Rückseite die passenden Erklärungen oder Bilder.
Beachten Sie bitte auch die Kopierhinweise auf Seite 2.
Zerschneiden Sie nun jede Kopie in 15 Wortkärtchen oder bringen Sie genug Scheren mit, damit die TN die Karten selbst ausschneiden können.

1 Die TN bilden Dreiergruppen. Jede Gruppe erhält ein Set mit 15 Wortschatzkarten.
Die TN legen die Kärtchen mit der Vorderseite, also mit dem Wort, nach oben in einem Stapel auf den Tisch.

> kochen

TN 1 erklärt das erste Wort (z. B. durch Umschreibung, Synonym, Antonym, Beispielsatz, Malen, Pantomime). Wenn sie/er das Wort nicht kennt, kann eine andere / ein anderer TN helfen. Anschließend wird die Erklärung mithilfe der Kartenrückseite überprüft. Diese dient nur zur Orientierung und ist nicht als einzige richtige Lösung zu verstehen.
Wenn die/der TN das zu beschreibende Wort nicht kannte, kommt das Kärtchen wieder unter den Stapel. War die Erklärung passend, wird das Kärtchen zur Seite gelegt.
2 Nun ist TN 2 mit der nächsten Karte dran.
3 Das Spiel endet, wenn alle Wörter richtig erklärt wurden.

Variante: Die Karten werden auf dem Tisch ausgebreitet. So können die TN sich „ihre" zu erklärenden Wörter auswählen.

Möglichkeit 3: Klassenspaziergang – Erklärung → Wort oder Wort → Erklärung

VORBEREITUNG

Kopieren Sie ein Wortschatzspiel einmal zweiseitig auf stärkeres Papier. Auf der Vorderseite stehen 15 Wörter, auf der Rückseite die passenden Erklärungen oder Bilder.
Beachten Sie bitte auch die Kopierhinweise auf Seite 2.
Wenn Sie mehr als 15 TN haben, brauchen Sie eine zweite Kopie.

1 Jede/r TN erhält ein zweiseitiges Kärtchen, sieht es an und hält es nun verdeckt in der Hand.

Vorderseite   Rückseite

2 Die TN gehen im Kursraum umher und suchen sich eine Gesprächspartnerin / einen Gesprächspartner. Nun hat jede/r verschiedene Möglichkeiten:
 a Mit eigenen Worten erklären: „Meine Blume hat Durst. Was muss ich machen?"
 b Die Erklärung auf der Rückseite vorlesen: „Den Blumen Wasser geben – Wie heißt das auf Deutsch?"
 (Die Vorderseite bleibt verdeckt!)
 c Das Bild auf der Rückseite zeigen
 (Die Vorderseite bleibt geheim!)
 d Pantomimisch erklären
 e Ein Synonym oder Antonym nennen: „Blumen wässern"
3 Die Partnerin / Der Partner nennt das gesuchte Wort und verfährt mit ihrer/seiner Karte ebenso. Wenn sie/er die Lösung nicht weiß, wird sie verraten. Selbstverständlich kann man auch umgekehrt vorgehen, indem man das Wort nennt und den Gesprächspartner um eine Erklärung bittet. „Weißt du, was ‚gießen' bedeutet?"
4 Die Karten werden getauscht und jeder sucht sich eine neue Person.
5 Beenden Sie das Spiel nach eigenem Ermessen.

Illustration: Jörg Saupe, Düsseldorf

Wortschatzspiele Anleitung

Schritte PLUS NEU A1
Spielesammlung

Möglichkeit 4: Wettbewerb: Erklärung → Wort

VORBEREITUNG: Projizieren Sie die Rückseite eines Wortschatzspiels (z. B mit dem Tageslichtprojektor).

1. Teilen Sie den Kurs in mehrere Gruppen und zeigen Sie mithilfe des Projektors eine Worterklärung. Die übrigen Worterklärungen sind noch abgedeckt.
2. Die Gruppe, die sich zuerst meldet und das gesuchte Wort nennt, bekommt einen Punkt. Verfahren Sie ebenso mit den weiteren Worterklärungen.

Variante: Das Spiel läuft ruhiger ab, wenn Sie den Kurs in zwei bis drei Gruppen teilen. Gruppe A löst die erste Aufgabe, Gruppe B die zweite Aufgabe usw.

Möglichkeit 5: Wort → eigene Erklärung → Wort (ab A1.1)

VORBEREITUNG: Kopieren Sie die Vorderseite eines Wortschatzspiels nur einmal und schneiden Sie die Karten aus. Wenn Sie mehr als 15 TN haben, teilen sich zwei TN ein Kärtchen oder Sie fügen selbst erstellte Karten oder Karten aus einer anderen Lektion hinzu. Als Hilfe können die TN den Lernwortschatz von *Schritte plus Neu* vor sich haben.

1. Jede/r TN erhält eine Karte mit einem Wort. Sie/Er liest das Wort stumm, achtet aber darauf, dass die anderen ihre/seine Karten nicht sehen.
2. Nach einer kurzen Vorbereitungszeit beginnt das Spiel und TN 1 versucht, sein Wort zu erklären, ohne das Wort selbst zu nennen (z. B. durch Umschreibung, Synonym, Antonym, Beispielsatz, Pantomime). Die anderen TN versuchen, das Wort zu erraten. Als Hilfe können die TN den Lernwortschatz oder ihr Vokabelheft vor sich haben.
3. Die/Der TN, die/der das Wort erraten hat, ist als Nächstes an der Reihe oder bestimmt den nächsten Spieler, wenn sie/er schon an der Reihe war.

Variante: Dieses Spiel eignet sich auch für Kleingruppen. Die Kleingruppen können für sich spielen oder in einem Wettbewerb gegeneinander antreten.

Möglichkeit 6: Heißer Stuhl

VORBEREITUNG: Kopieren Sie die Vorderseite eines Wortschatzspiels einmal stark vergrößert. Schneiden Sie die Karten aus. Sie erhalten nun 15 vergrößerte Karten mit Wörtern.

1. Bilden Sie zwei Teams, die gegeneinander spielen.
2. Jedes Team wählt einen Kandidaten aus, der sich mit dem Rücken zur Tafel auf den „heißen Stuhl" setzt. Sein Team steht ihm gegenüber mit Blick auf die Tafel.
3. Hängen Sie eine Wortkarte an die Tafel. Die beiden Personen auf den heißen Stühlen dürfen das Wort nicht sehen.
4. Nun muss jede Gruppe ihrem eigenen Kandidaten das gesuchte Wort erklären, ohne es zu nennen. Das Team, dessen Kandidat als Erstes das Wort errät, bekommt einen Punkt.
5. Dann nehmen zwei andere TN den Platz auf den heißen Stühlen ein. Es geht weiter mit Schritt 3 und 4.
6. Das Spiel endet, wenn alle Wörter erklärt wurden. Gewonnen hat das Team mit den meisten Punkten.

Möglichkeit 7: Memo-Spiel

VORBEREITUNG: Kopieren Sie für jede Gruppe die Vorderseite eines Wortschatzspiels auf ein stärkeres Papier und die Rückseite auf ein anderes stärkeres Papier. Schneiden Sie die Karten aus bzw. bringen Sie genügend Scheren mit, damit die TN die Karten selbst ausschneiden können. Sie erhalten nun 15 Karten mit Wörtern und 15 Karten mit Erklärungen.

1. Bilden Sie Gruppen von vier oder fünf Personen. Jede Gruppe erhält 30 Karten.

Teil 1: Sicherung des Wortschatzes

2. Die TN legen alle 30 Karten mit der beschrifteten Seite nach oben vor sich auf den Tisch und bilden Paare aus dem Wort und der passenden Erklärung.
3. Kontrollieren Sie das Ergebnis im Plenum. So werden die TN mit den Karten vertraut.

Teil 2: Memo-Spiel

4. Damit das Spiel nicht zu lange dauert, verwenden die TN nun nur die Hälfte der Kartenpaare.

Wortschatzspiele Anleitung

Schritte PLUS NEU A1
Spielesammlung

Die Gruppe wählt also etwa sieben oder acht besonders schwierige Kartenpaare aus. Die restlichen Karten werden zur Seite gelegt. Die TN mischen die Karten und legen sie verdeckt auf den Tisch.

5 TN 1 deckt zwei Karten auf, lässt die Karten aber auf ihrem Platz liegen und liest sie laut vor. Hat die/der TN ein Wort und die dazu passende Erklärung aufgedeckt, darf sie/er das Kartenpaar behalten und zwei weitere Karten aufdecken. Wenn die Karten nicht zusammenpassen, werden sie wieder verdeckt an die gleiche Stelle zurückgelegt. Alle TN müssen versuchen, sich den Platz der Karten zu merken.

6 TN 2 ist an der Reihe.
7 Das Spiel endet, wenn alle Kartenpaare gefunden wurden.
8 Wer die meisten Kartenpaare hat, hat gewonnen.
9 In einer zweiten Runde kann das Spiel mit den vorher aussortierten Kartenpaaren gespielt werden.

Möglichkeit 8: Schnapp das Wort!

VORBEREITUNG
Besorgen Sie ggf. Fliegenklatschen. Kopieren Sie für jede Gruppe die Vorderseite eines Wortschatzspiels auf ein stärkeres Papier und die Rückseite auf ein anderes stärkeres Papier. Schneiden Sie die Karten aus bzw. bringen Sie genügend Scheren mit, damit die TN die Karten selbst ausschneiden können. Sie erhalten nun 15 Karten mit Wörtern und 15 Karten mit Erklärungen.

1 Bilden Sie Gruppen zu 3 – 4 Personen. Jede Gruppe bekommt ein Set mit 15 Wortkarten und 15 Erklärungskarten.

Teil 1: Sicherung des Wortschatzes
siehe Punkt 2+3 von Möglichkeit 7

Teil 2: Schnapp das Wort!

2 Die Gruppe breitet alle 15 Wortkarten mit der Schrift nach oben vor sich auf dem Tisch aus. Sie sollten für alle TN gut lesbar und erreichbar sein.

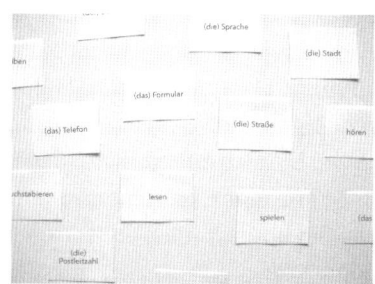

3 Die 15 Karten mit den Erklärungen werden verdeckt auf einen Stapel gelegt. Die oberste Erklärungskarte wird für alle sichtbar aufgedeckt.

4 Alle TN müssen versuchen, sich so schnell wie möglich die passende Wortkarte zu schnappen oder mit einer Fliegenklatsche auf die Karte zu schlagen. Passen Wort und Erklärung zusammen, bekommt die/der TN das Kartenpaar. Wenn nicht, wird die Erklärungskarte wieder unter den Ausgangsstapel gelegt und auch die Wortkarte wird zurückgelegt. Bei Zweifeln wird die Lehrkraft konsultiert.
5 Die nächste Erklärungskarte wird aufgedeckt.
6 Das Spiel endet, wenn alle Kartenpaare gefunden wurden.
7 Wer die meisten Kartenpaare hat, hat gewonnen.

Anmerkung: Versuchen Sie, möglichst homogene Gruppen zusammenzustellen. Lernungewohnte TN können nur mit einem Teil der Karten spielen.

Variante: Das Spiel verläuft ruhiger, wenn TN 1 die oberste Erklärungskarte aufdeckt und die passende Wortkarte sucht. Die anderen TN beobachten nur bzw. helfen auf Anfrage von TN 1. Dann ist TN 2 mit der nächsten Erklärungskarte an der Reihe usw.

Illustrationen: Jörg Saupe, Düsseldorf

Wortschatzspiele Anleitung

Schritte PLUS NEU A1
Spielesammlung

Möglichkeit 9: Test

VORBEREITUNG
Kopieren Sie die Rückseite eines Wortschatzspiels einmal. Nummerieren Sie alle 15 Erklärungen durch und kopieren Sie diese Vorlage für jede/n TN einmal.

1. Jede/r TN erhält eine Kopie der Worterklärungen.
2. Nun trägt sie/er im Heft oder auf einem Blatt Papier zu jeder Nummer das gesuchte Wort ein.

Möglichkeit 10: Test oder schriftliche Übung

VORBEREITUNG
Kopieren Sie die Vorderseite eines Wortschatzspiels einmal möglichst etwas verkleinert. Wählen Sie ca. zehn Wörter aus und kleben Sie diese untereinander auf die linke Seite eines größeren Papiers (DIN-A3). Nummerieren Sie die Wörter von 1–10.
Kopieren Sie nun die Rückseite des Wortschatzspiels einmal in der gleichen Größe. Schneiden Sie die zehn Erklärungen aus und kleben Sie diese in ungeordneter Reihenfolge auf die rechte Seite des DIN-A3-Papiers. Bezeichnen Sie die Erklärungen mit den Buchstaben A bis J.
Kopieren Sie diese selbst erstellte Vorlage für jede/n TN einmal.

Jede/r TN erhält eine Kopie und ordnet die Wörter den passenden Erklärungen zu: z. B. 1D, 2B usw.

Variante: Die TN bearbeiten das Arbeitsblatt zu zweit.

Möglichkeit 11: Sätze bilden (ab A1.2)

VORBEREITUNG
Kopieren Sie die Vorderseite eines Wortschatzspiels für jeweils zwei TN auf ein Papier. Wenn Sie möchten, können Sie die Karten ausschneiden. Wenn Sie für eine andere Spielmöglichkeit bereits Kärtchen erstellt haben, können Sie diese natürlich auch verwenden.

1. Die TN arbeiten zu zweit. Vor ihnen liegt die Vorderseite des Wortschatzspiels als Kopie oder als Kärtchen. Geben Sie einen zeitlichen Rahmen von ca. zehn Minuten vor.
2. Die TN schreiben Sätze, in denen mindestens zwei der vorliegenden Wörter vorkommen, in ihr Heft, auf ein Blatt oder auf ein Plakat.
3. Anschließend präsentiert jedes Team einen Satz im Plenum (z. B. durch Vorlesen, Tafelanschrieb oder Aufhängen eines Plakats). Sie können Fehler bereits während Schritt 2, vor der Präsentation im Plenum oder gemeinsam mit der ganzen Klasse während der Präsentation korrigieren.

Variante: Sie können dieses Spiel als Wettbewerb durchführen. Wer innerhalb der vorgegebenen Zeit die meisten Wörter in korrekte Sätze einbaut, hat gewonnen.

Möglichkeit 12: Brettspiel

VORBEREITUNG
Kopieren Sie für jede Gruppe die Rückseite eines Wortschatzspiels, am besten auf DIN-A3 vergrößert als Spielbrett. Schreiben Sie auf das Spielbrett oben links „Start" und unten rechts „Ziel", nummerieren Sie die Felder und geben Sie Richtungspfeile und Trennlinien vor, damit die TN wissen, wie sie sich auf dem Spielbrett bewegen müssen.
Darüber hinaus brauchen Sie für jede/n TN einen Spielstein und für jede Kleingruppe einen Würfel.
Variante: Stellen Sie die Vorderseite des Wortschatzspiels als Lösungsschlüssel zur Verfügung. Dabei ist jedoch zu beachten, dass die Spalten dann spiegelverkehrt sind. Daher sollten Sie vor dem Kopieren Spalte 1 und 3 vertauschen oder die einzelnen Felder nummerieren.

Illustrationen: Jörg Saupe, Düsseldorf

Wortschatzspiele Anleitung

Schritte PLUS NEU A1
Spielesammlung

1. Es werden Gruppen zu je 3 – 4 TN gebildet. Jede/r TN erhält einen Spielstein. Jede Gruppe bekommt einen Würfel und ein Spielbrett.
2. TN 1 würfelt, zieht und nennt das gesuchte Wort. Weiß sie/er das Wort nicht, muss sie/er zwei Felder zurück. Die anderen TN können das Wort nennen oder ihr Vokabelheft, das Lösungsblatt oder die Lehrkraft konsultieren.
3. Dann ist TN 2 an der Reihe.
4. Wenn die Gruppe sehr schnell fertig ist, kann sie weitere Durchläufe machen.

Variante: Wenn Sie die Rückseite der Kopiervorlage als Lösung verwenden möchten, sollten Sie eine/n TN der Gruppe bestimmen, die/der nicht direkt mitspielt, sondern die Antworten mithilfe des Lösungsblatts überprüft. Dann ist es sinnvoll, mehrere Runden zu planen, sodass jede/r einmal „Kontrolleur" ist. Zur Binnendifferenzierung bietet es sich an, die/den schwächste/n TN in der ersten Runde als Kontrolleur einzusetzen.

Möglichkeit 13: Lernstationen
(siehe Anleitung zu den Grammatikspielen S. 11)

Möglichkeit 14: Lernkartei
(siehe Anleitung zu den Grammatikspielen S. 12)

Einsatz im Unterricht
Die Wortschatzspiele eignen sich besonders
– zur Wiederholung und zum Abfragen des Wortschatzes am Ende einer Lektion oder vor Prüfungen: Besonders TN, denen es schwerfällt, zu Hause selbstständig Vokabeln zu lernen, bekommen so während des Unterrichts die Möglichkeit, Wortschatz zu wiederholen, zu festigen und anzuwenden.
– zur Binnendifferenzierung: Durch die Arbeit in Kleingruppen ist es leichter, auf die unterschiedlichen Kenntnisse und Bedürfnisse der TN einzugehen. Einerseits erhalten ungeübte TN zusätzliche Übungsmöglichkeiten, andererseits werden schnellere TN sinnvoll beschäftigt, wenn diese mit einer Aufgabe schon fertig sind.
– zur Aktivierung der TN: Bei diesen Übungsformen sind alle TN gefordert, sich aktiv zu beteiligen. Durch den spielerischen Charakter werden auch zurückhaltende TN dazu angeregt, sich zu äußern.
– zur Vermittlung und Anwendung von Lerntechniken: Manchen TN fällt es schwer, sich neuen Wortschatz einzuprägen. Durch den regelmäßigen Einsatz der Wortschatzspiele machen Sie die TN mit verschiedenen Lernmethoden vertraut.
– zur Erweiterung der Ausdrucksfähigkeit: Die TN lernen bereits auf A1-Niveau, Wörter auf Deutsch zu erklären oder zu umschreiben, und erweitern so ihre Ausdrucksfähigkeit. Wenn sie ein Wort vergessen haben, fällt ihnen häufig zumindest die Erklärung ein. Darüber hinaus werden sie immer sicherer darin, ohne ihre Muttersprache zu kommunizieren.

Illustrationen: Jörg Saupe, Düsseldorf

Wortschatzspiel: **Wörter**

Schritte PLUS NEU A1
Spielesammlung

fragen	schreiben	lesen
hören	buchstabieren	spielen
sprechen	(das) Land	(die) Straße
(die) Stadt	(die) Postleitzahl	(die) Sprache
(der) Buchstabe	(das) Telefon	(das) Formular

Wortschatzspiel: **Erklärungen**

Schritte PLUS NEU A1
Spielesammlung 1

 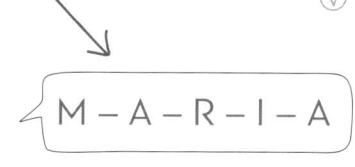 

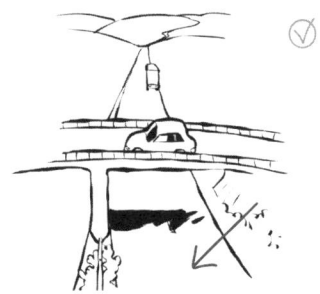  

Deutsch, Türkisch, Arabisch, Englisch …

14089 Berlin

Berlin, Wien, Zürich, London …

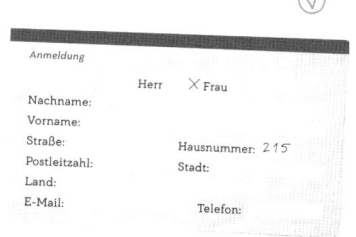  

Illustrationen: Jörg Saupe, Düsseldorf

Wortschatzspiel: **Wörter**

Schritte PLUS NEU A1
Spielesammlung 2

(der) Vater	(die) Mutter	(die) Tochter
(der) Sohn	(die) Oma	(der) Opa
(der) Enkel	(die) Eltern	(das) Baby
(die) Familie	geschieden	verheiratet
(die) Großeltern	(der) Bruder	(die) Schwester

Wortschatzspiel: **Erklärungen**

Schritte PLUS NEU A1
Spielesammlung 2

Illustrationen: Jörg Saupe, Düsseldorf

Wortschatzspiel: **Wörter** Schritte PLUS NEU A1 — Spielesammlung 3

(der) Apfel	(die) Banane	(die) Schokolade
(das) Obst	(das) Brot	(das) Brötchen
(der) Kuchen	(das) Ei	(der) Fisch
(das) Fleisch	(der) Joghurt	(der) Kaffee
(der) Käse	(die) Kartoffel	(die) Birne

Wortschatzspiel: Erklärungen

Schritte PLUS NEU A1
Spielesammlung 3

Wortschatzspiel: **Wörter**

Schritte PLUS NEU A1 — Spielesammlung — 4

das Bett, -en	der Tisch, -e	der Stuhl, ¨-e
das Sofa, -s	der Schrank, ¨-e	der Sessel, -
die Lampe, -n	der Kühlschrank, ¨-e	die Waschmaschine, -n
der Herd, -e	die Badewanne, -n	die Dusche, -n
der Teppich, -e	der Fernseher, -	der Schreibtisch, -e

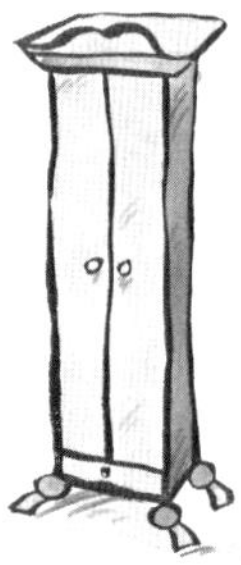

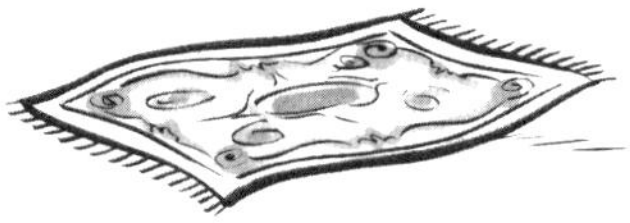

Wortschatzspiel: **Erklärungen**

Schritte PLUS NEU A1
Spielesammlung 4

Wortschatzspiel: Wörter

aufstehen (du stehst auf, er steht auf)	arbeiten	**an**rufen (du rufst an, er ruft an)
aufräumen (du räumst auf, er räumt auf)	**ein**kaufen (du kaufst ein, er kauft ein)	essen (du isst, er isst)
fernsehen (du siehst fern, er sieht fern)	frühstücken	Fußball spielen
die Hausaufgaben machen	in die Schule bringen	Musik hören
chatten	spazieren gehen	kochen

Wortschatzspiel: **Erklärungen**

Schritte PLUS NEU A1
Spielesammlung 5

Wortschatzspiel: **Wörter / Ausdrücke**

Schritte PLUS NEU A1
Spielesammlung 6

Es regnet. (regnen)	Die Sonne scheint. (scheinen)	Es ist windig.
Es schneit. (schneien)	Es ist kalt.	Es ist warm.
Das Wetter ist gut.	Es ist bewölkt.	Es sind 25 Grad.
Wie viel Grad sind es?	Das Wetter ist schlecht.	der Frühling
der Winter	der Herbst	der Sommer

Wortschatzspiel: Erklärungen

Es ist _____.

D_____
S_____
s_____.

Es _____.

Es ist _____.

Es ist _____.

Es _____.

Es sind 25 _____.

Es ist _____.

Das Wetter ist _____.

März, April, Mai
= _____

Das Wetter ist _____.

Wie viel _____ sind es?

Juni, Juli, August
= _____

September, Oktober, November
= _____

Dezember, Januar, Februar
= _____

Wortschatzspiel: Wörter

Tennis spielen	Ski fahren	backen
der Unterricht	der Arzt, ¨-e	krank
das Schwimmbad, ¨-er	der Brief, -e	die Klasse, -n
singen	reiten	der Eintritt
der Junge, -n	das Mädchen, -	malen

Wortschatzspiel: Erklärungen

Er s_____ T_____.

Lili hat Fieber.
Sie ist k_____.

D_____
U_____ ist
von 8–13 Uhr.

30 Schüler
lernen zusammen.
Sie sind eine K_____.

D____
E_____
kostet 4,50 Euro.

Lili ist kein Junge.
Lili ist ein
_____.

Tom ist kein
Mädchen. Tom ist
ein _____.

Wortschatzspiel: **Wörter** Schritte PLUS NEU A1 — Spielesammlung 8

die Kranken-schwester, -n	arbeitslos	die Ausbildung, -en
selbstständig	Vollzeit	Teilzeit
das Krankenhaus, ¨er	die Berufs-erfahrung	der Kollege, -n
beruflich	das Büro, -s	der Hausmeister, -
zahlen	die Stelle, -n	der Leiter, -

Wortschatzspiel: Erklärungen

Er lernt den Beruf Koch. Er macht eine A_____.

Chiara hat keine Arbeit. Sie ist a_____.

nur ein paar Stunden am Tag arbeiten = T_____ arbeiten

ganztags arbeiten = V_____ arbeiten

Jan hat ein Restaurant. Er ist der Chef. Er ist s_____.

Wir arbeiten zusammen in einer Firma. Er ist mein K_____.

Sie arbeitet seit 30 Jahren als Ärztin. Sie hat viel B_____.

Sie ist sehr krank. Sie muss ins _____.

Die Sekretärin arbeitet im _____.

Was bist du von Beruf? = Was machst du b_____?

= der Chef
Ich möchte mit dem _____ von der Firma sprechen.

= der Arbeitsplatz

= Geld geben.
Bitte z_____ Sie an der Kasse!

Wortschatzspiel: **Wörter**

Schritte PLUS NEU A1
Spielesammlung
9

warten (hat gewartet)	das Amt, ⸚er	der Beamte, -n
das Formular, -e	aus∣füllen (du füllst aus, er füllt aus, hat ausgefüllt)	die Auskunft, ⸚e
der Führerschein, -e	der Ausweis, -e	weiblich
der Automat, -en	unterschreiben (hat unterschrieben)	die Kasse, -n
männlich	der Erwachsene, -n	verdienen (hat verdient)

Wortschatzspiel: Erklärungen

Der _____ arbeitet auf einem Amt.	= die Behörde Tim braucht einen Führerschein. Er geht auf ein _____.	Beim Arzt muss man oft lange w_____.
die Information	Sie müssen in das Formular schreiben. = Sie müssen das Formular _____.	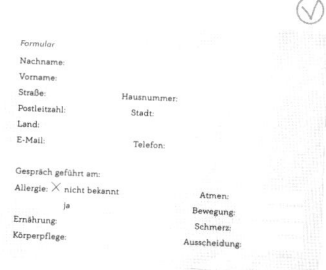
Lara ist eine Frau. Auf dem Formular kreuzt sie w_____ an.	die Identitätskarte 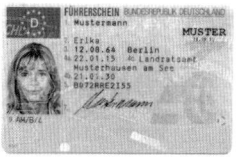	Erika hat Auto fahren gelernt. Sie hat jetzt den _____.
 Im Supermarkt bezahlt man dort.	 Am Ende müssen Sie das Formular _____.	
Für die Arbeit bekomme ich 2000 € pro Monat. Ich _____ 2000 €.	0–12 Jahre: Kind 18–100 Jahre: E_____	Tim ist ein Mann. Auf dem Formular kreuzt er m_____ an.

Wortschatzspiel: **Wörter**

Schritte PLUS NEU A1
Spielesammlung 10

die Versichertenkarte, -n	die Kopfschmerzen	die Apotheke, -n
das Medikament, -e	der Unfall, ⸚e	der Husten
die Salbe, -n	der Schnupfen	die Tablette, -n
weh|tun (es tut weh, hat wehgetan)	schlimm	das Fieber
gesund	die Sprechstunde, -n	der Notarzt, ⸚e

Wortschatzspiel: Erklärungen

Dort kann man Medikamente kaufen.

Der Mann hat _____.

Ich habe eine _____.

Ich bezahle den Arzt nicht. Die Versicherung zahlt.

Tabletten, Salben, Hustensaft, das sind _____.

Du sollst drei _____ nehmen.

Der Mann ist krank. Er hat 40 Grad _____.

= nicht gut
Ihre Hand sieht s_____ aus.

Sie haben Ohrenschmerzen. = Ihre Ohren _____.

= der Doktor bei einem Unfall
Der N_____ kommt sehr schnell.

Die Arztpraxis ist von 8–13 Uhr geöffnet. Der Arzt hat von 8–13 Uhr S_____.

nicht krank

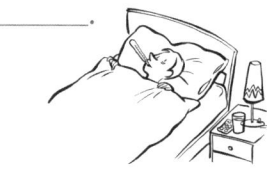

Wortschatzspiel: **Wörter** Schritte PLUS NEU A1 — Spielesammlung 11

das Flugzeug, -e	der Zug, ̈e	der Schalter, -
der Fahrplan, ̈e	das Gleis, -e	die Haltestelle, -n
die Ampel, -n	der Stadtplan, ̈e	geradeaus
ab|fahren (du fährst ab, er fährt ab, ist abgefahren)	an|kommen (du kommst an, er kommt an, ist angekommen)	aus|steigen (du steigst aus, er steigt aus, ist ausgestiegen)
ein|steigen (du steigst ein, er steigt ein, ist eingestiegen)	fliegen (du fliegst, er fliegt, ist geflogen)	um|steigen (du steigst um, er steigt um, ist umgestiegen)

Wortschatzspiel: Erklärungen

Dort kann man eine Fahrkarte kaufen oder Informationen bekommen.

Nach Amerika oder Asien fliegt man mit dem _____.

Dort warte ich auf den Bus.

Wo fährt der Zug nach Berlin ab? – Von G_____ 3.

Gehen Sie _____.

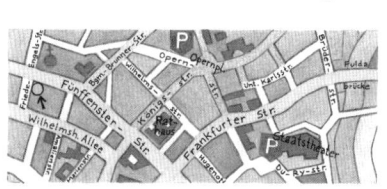

Die A_____ ist Rot. Man muss warten.

Der Zug _____ um 10.14 Uhr in Berlin _____.

Der Zug _____ um 8.10 Uhr in Hamburg _____.

Mit dem Auto fahren wir, mit dem Flugzeug _____ wir.

Wortschatzspiel: **Wörter**

Schritte PLUS NEU A1
Spielesammlung
12

die Spülmaschine, -n	die Gebrauchs-anweisung, -en	die Rechnung, -en
die Tüte, -n	reparieren (hat repariert)	auf|machen (hat aufgemacht)
zu|machen (hat zugemacht)	der Jugendliche, -n	aus|sehen (hat ausgesehen)
die Heizung, -en	die Steckdose, -n	der Stecker, -
aus|machen (hat ausgemacht)	an|machen (hat angemacht)	unfreundlich

Wortschatzspiel: **Erklärungen**

Schritte PLUS NEU A1
Spielesammlung
12

Ich esse im Restaurant. Dann muss ich bezahlen. Der Ober bringt die _____.

Niko hat eine neue Waschmaschine. Er weiß nicht, wie sie funktioniert. Er liest die _____.

Können Sie das Fenster _____?

Das Auto ist kaputt. Der Mechaniker muss das Auto _____.

Tasche aus Plastik zum Einkaufen

Frau Bär möchte gut _____. Sie geht zum Friseur.

0–12 Jahre: Kind
13–17 Jahre: J_____

Können Sie die Tür _____?

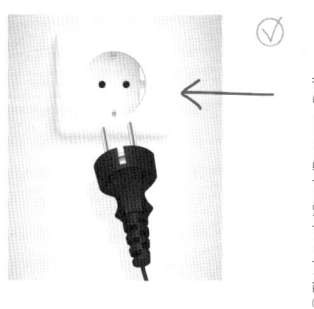

Im Winter ist es in der Wohnung kalt. Die _____ macht das Zimmer warm.

nicht freundlich

Es ist dunkel. Ich möchte lesen. Ich muss das Licht _____.

Ich möchte schlafen. Kannst du bitte das Licht _____?

Illustrationen: Jörg Saupe, Düsseldorf

Wortschatzspiel: **Wörter**

Schritte PLUS NEU A1
Spielesammlung

die Kleidung	das Kleid, -er	die Bluse, -n
das Hemd, -en	der Rock, ⸚e	der Gürtel, -
das T-Shirt, -s	der Schuh, -e	der Stiefel, -
die Hose, -n	die Jacke, -n	der Mantel, ⸚
der Anzug, ⸚e	das Tuch, ⸚er	die Socke, -n

Wortschatzspiel: Erklärungen

Die Hose, der Pullover, der Mantel, die Jacke …, alles das ist _____.

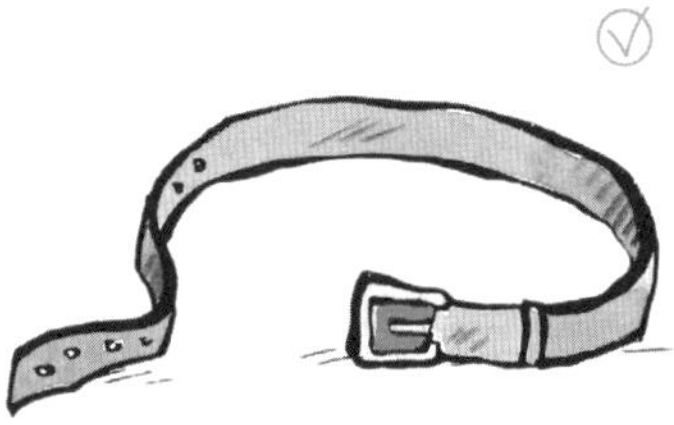

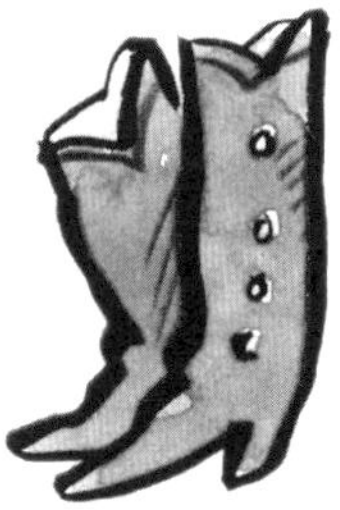

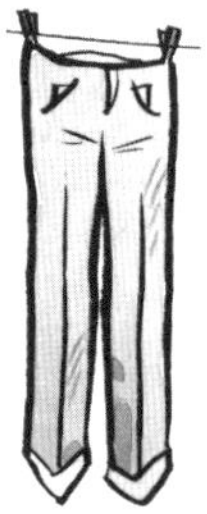

Wortschatzspiel: **Wörter**　　Schritte PLUS NEU A1 — Spielesammlung — 14

die Einladung, -en	das Fest, -e	der Feiertag, -e
der Geburtstag, -e	die Hochzeit, -en	Silvester
Weihnachten	ein|laden (du lädst ein, er lädt ein, hat eingeladen)	feiern (hat gefeiert)
Herzlichen Glückwunsch!	gratulieren (hat gratuliert)	die/der Verwandte, -n
das Geschenk, -e	der Gast, ¨-e	Neujahr

Wortschatzspiel: **Erklärungen**

Schritte PLUS NEU A1
Spielesammlung
14

Am 1. Mai arbeiten die Leute nicht. Das ist ein politischer F_____.

die Party

Am 31. Dezember feiern wir _____.

Wir heiraten und machen ein großes Fest. Das Fest heißt _____.

Sara wird 9 Jahre alt, sie hat G_____.

ein Fest machen = ein Fest _____

Wir heiraten. Wir möchten nicht allein feiern. Wir möchten unsere Familie und Freunde _____.

An _____ feiern Christen die Geburt von Jesus Christus.

Person aus der Familie, z. B. Tante, Onkel, Oma … = V_____

Wir g_____ unserer Freundin zum Geburtstag.

Alles Gute (zum Geburtstag, zur Hochzeit …)!

Am 1. Januar ist Feiertag. Der Feiertag heißt _____.

Zu meiner Hochzeit kommen 100 G_____ (= Personen).

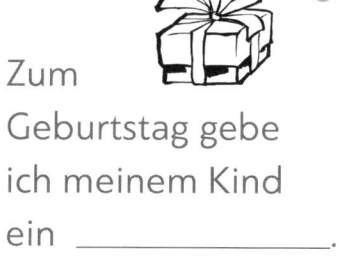

Zum Geburtstag gebe ich meinem Kind ein _____.

Illustrationen: Jörg Saupe, Düsseldorf

84

Artikelspiele **Anleitung**

Schritte PLUS NEU A1
Spielesammlung

Auf den Seiten 91 – 112 finden Sie **elf verschiedene Vorlagen für Artikelspiele**. Jedes Spiel besteht aus einer zweiseitigen Kopiervorlage. Auf der Vorderseite stehen Nomen, auf der Rückseite mit Häkchen ⊘ steht der bestimmte Artikel des Nomens.

Wortkarte
Vorderseite:    Rückseite: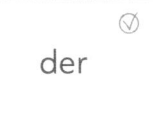

Zu jeder Vorlage gibt es **neun verschiedene Einsatzmöglichkeiten**, z. B. als Kartenspiel oder als Diktierspiel.

Für einige dieser Spielvarianten benötigen Sie außerdem die Kopiervorlage für Artikelkarten auf Seite 89, das Spielbrett 1 auf Seite 6 bzw. das Spielbrett 2 auf Seite 7.

Die Wörter zu den Artikelspielen entsprechen dem Lernwortschatz von *Schritte plus Neu*.

Möglichkeit 1: Kartenspiel mit Spielbrett 2

VORBEREITUNG
Kopieren Sie für jede Gruppe ein Artikelspiel zweiseitig auf stärkeres Papier sowie das Spielbrett 2 von Seite 7. Beachten Sie dabei die Kopierhinweise auf Seite 2.
Schneiden Sie die Karten aus oder bringen Sie genug Scheren mit, damit die TN die Karten selbst ausschneiden können. Sie erhalten pro Gruppe 15 zweiseitige Wortkarten.

1. Die TN bilden Dreiergruppen. Jede Gruppe bekommt ein Set aus 15 Wortkarten. Die Wortkarten werden unter den Gruppenmitgliedern aufgeteilt. Das Spielbrett 2 liegt in der Mitte.
2. Die TN ordnen die Karten dem jeweils passenden Artikel auf Spielbrett 2 zu, indem sie die Karten so bei den passenden Artikel legen, dass alle Kärtchen sichtbar sind.

3. Anschließend korrigieren die TN die Zuordnung mithilfe der Lösung auf der Rückseite der Wortkarten.

Variante: Kopieren Sie nur die Vorderseite der Wortkarten. Die TN tragen die Artikel auf der Rückseite mit Bleistift selbst ein. Eine Überprüfung kann mithilfe des Lernwortschatzes in *Schritte plus Neu* erfolgen.

4. Die TN bekommen zwei bis drei Minuten Zeit, um sich die Artikel einzuprägen. Dabei erkennen sie ggf. selbst einige Genusregeln. Darüber hinaus können verschiedene Lerntechniken eingeführt werden (siehe Seite 88).
5. Sie können das Spiel an dieser Stelle beenden oder mit Möglichkeit 2 fortfahren.

Möglichkeit 2: Kartenspiel mit Spielbrett 1

Hinweis: Dieses Spiel wird am besten im Anschluss an Möglichkeit 1 gespielt.

VORBEREITUNG
Kopieren Sie für jede Gruppe ein Artikelspiel zweiseitig auf stärkeres Papier, die Kopiervorlage „Artikelkarten" sowie das Spielbrett 1 auf stärkeres Papier. Beachten Sie dabei die Kopierhinweise auf Seite 2. Schneiden Sie pro Gruppe 15 Wortkarten und pro TN drei Artikelkarten aus oder bringen Sie genug Scheren mit, damit die TN die Karten selbst ausschneiden können.

Illustrationen: Jörg Saupe, Düsseldorf

Artikelspiele **Anleitung**

Schritte PLUS NEU A1
Spielesammlung

1. Die TN bilden Dreiergruppen.
2. Die 15 Wortkarten werden gemischt und mit dem Nomen nach oben auf einen Stapel gelegt.
3. Spielbrett 1 wird auf den Tisch gelegt. Jede/r TN erhält die drei Artikelkarten *der – das – die*, die sie/er wie bei einem traditionellen Kartenspiel in der Hand hält.

4. Jede/r TN legt nun die zur obersten Wortkarte passende Artikelkarte verdeckt auf den Tisch, ohne dabei zu sprechen.

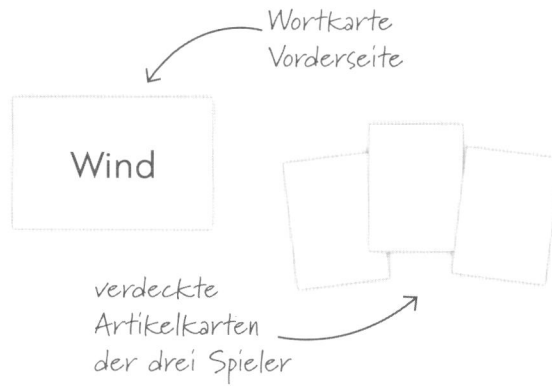

Wortkarte Vorderseite
verdeckte Artikelkarten der drei Spieler

5. Erst wenn sich alle entschieden haben, werden die Artikelkarten aufgedeckt und mit dem richtigen Artikel auf der Rückseite der Wortkarte verglichen.

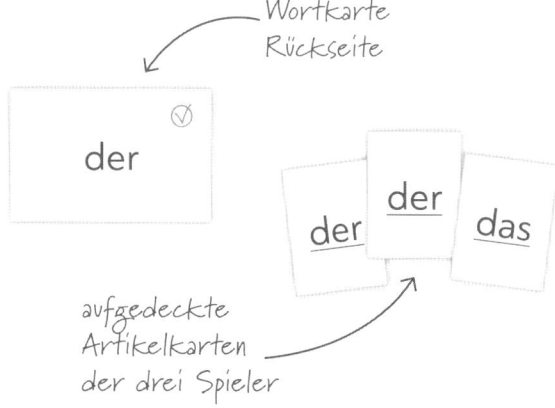

Wortkarte Rückseite
aufgedeckte Artikelkarten der drei Spieler

6. Haben alle TN der Gruppe den richtigen Artikel gelegt, kommt die Wortkarte auf das Feld „alle richtig", andernfalls wird sie auf das Feld „leider falsch" gelegt.

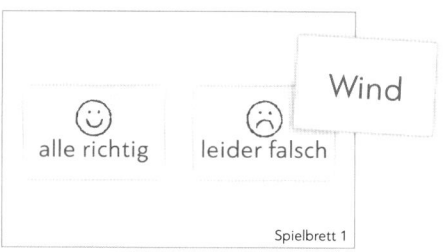

Spielbrett 1

7. In einem zweiten Durchgang werden nur noch die auf dem Feld „leider falsch" liegenden Wortkarten bearbeitet. Bei Bedarf können noch weitere Durchgänge folgen.
8. Das Spiel endet, wenn alle Karten auf dem Feld „alle richtig" liegen.

Tipp: Um das Spiel Ihren TN schnell und klar zu erklären, sollten Sie ein paar stark vergrößerte Karten herstellen und mit drei Teilnehmern eine Beispielrunde im Plenum vorspielen.

Möglichkeit 3: Artikeldiktat

VORBEREITUNG
Kopieren Sie die Vorderseite eines Artikelspiels einmal auf stärkeres Papier.
Schneiden Sie die 15 Wortkarten aus.
Wenn Sie mehr als 15 TN haben, fügen Sie selbst erstellte Karten oder Karten aus einer anderen Lektion dazu, sodass jede/r TN eine Karte erhält.

1. Jede/r TN erhält eine Wortkarte.
2. Die TN lesen der Reihe nach ihr Wort ohne Artikel vor. Alle anderen schreiben das Wort mit dem bestimmten Artikel auf.
3. Am Ende des Diktats schreibt eine/ein TN die Lösungen an die Tafel oder Sie projizieren die Wörter an die Tafel und lassen die Artikel ergänzen.

Möglichkeit 4: Artikelkarte hochheben

Hinweis: Dieses Spiel eignet sich besonders, wenn Sie auch sonst im Unterricht feste Farben für die drei Artikel verwenden und die TN an diese Merkhilfe gewöhnen möchten.

Illustrationen: Jörg Saupe, Düsseldorf
© Hueber Verlag/Nina Metzger

Artikelspiele Anleitung

Schritte PLUS NEU A1
Spielesammlung

VORBEREITUNG
Stellen Sie jeder/jedem TN drei leere Karteikarten in verschiedenen Farben (z. B. blau, rot und grün) zur Verfügung. Statt Karteikarten können Sie auch anderes farbiges Papier verwenden.
Sie haben die Vorderseite eines Artikelspiels vor sich liegen.

1. Jede/r TN bekommt drei Karteikarten in verschiedenen Farben, z. B. in Blau, Rot und Grün. Die blaue Karte wird mit „der" beschriftet, die grüne mit „das" und die rote mit „die".
2. Lesen Sie das erste Nomen auf der Kopiervorlage vor. Die TN heben, ohne zu sprechen, die Karteikarte mit dem passenden Artikel hoch.

Tipp: Wenn Sie die TN mit einem Handzeichen oder einem Geräusch auffordern, die Karteikarte zu heben, müssen sich alle gleichzeitig entscheiden und können sich nicht gegenseitig beeinflussen.

3. Wer den falschen Artikel gezeigt hat, notiert sich das Wort mit Artikel im Heft oder direkt auf der Karteikarte.

Variante: Bei dieser Variante können auch Kleingruppen gegeneinander antreten. Dann sollte sich jede Gruppe möglichst leise auf eine gemeinsame Lösung einigen und erst dann den Artikel zeigen. Die Gruppe mit den meisten richtigen Antworten gewinnt.

Möglichkeit 5: Fliegenklatschen

Dieses Spiel ist besonders für bewegungsfreudige Gruppen geeignet.

VORBEREITUNG
Besorgen Sie zwei Fliegenklatschen und Klebeband. Schreiben Sie die Artikel *der*, *das* und *die* jeweils auf ein DIN-A6-Blatt und kleben Sie diese mit Klebeband fest an die Tafel. Die Blätter sollten nicht größer als der „Kopf" einer Fliegenklatsche sein.
Nehmen Sie die Vorderseite eines Artikelspiels zur Hand.

1. Die TN spielen in zwei Teams gegeneinander.
2. Jedes Team stellt sich vor der Tafel in einer Schlange auf. TN 1 jeder Schlange erhält eine Fliegenklatsche. Sie/Er sollte mindestens vier Meter Abstand zur Tafel haben. Markieren Sie ggf. die Startlinie mit einem Klebeband auf dem Boden.
3. Lesen Sie das erste Nomen auf der Kopiervorlage vor.
4. TN 1 von jedem Team muss mit der Fliegenklatsche zur Tafel rennen und damit auf den richtigen Artikel schlagen. Die Fliegenklatsche bleibt auf dem Artikel, bis festgestellt wurde, wer Erste/r war und welche Lösung richtig ist.
5. Wer zuerst auf den richtigen Artikel geklatscht hat, holt einen Punkt für ihr/sein Team. Dann gibt sie/er die Fliegenklatsche an TN 2 und stellt sich hinten an.
6. Das Spiel endet, wenn jede/r TN einmal dran war.

Möglichkeit 6: Artikelgymnastik

VORBEREITUNG
Nehmen Sie die Vorderseite eines Artikelspiels zur Hand.

1. Teilen Sie die TN in drei Gruppen. Links sitzt die „Die-Gruppe", in der Mitte die „Das-Gruppe" und rechts die „Der-Gruppe".
2. Lesen Sie das erste Nomen vor, z. B. „Fuß" und zählen Sie laut bis drei. Die Gruppe mit dem passenden Artikel, in diesem Fall „der", muss aufstehen und gemeinsam „der Fuß" rufen.
3. Dann wird das nächste Nomen vorgelesen.

Variante: Sie können das Spiel als Wettkampfspiel durchführen. Dann müssen Sie darauf achten, dass Sie gleich viele feminine, maskuline und neutrale Nomen vorlesen und dass jede Gruppe die gleiche Teilnehmerzahl hat. Wenn es nicht aufgeht, übernehmen die übrigen ein oder zwei TN die Rolle des Spielleiters und lesen die Nomen vor.
Im Fall unseres Beispiels „Fuß" holt jede/r aufgestandene TN aus der „Der-Gruppe" für ihr/sein Team einen Punkt. Jede/r fälschlicherweise aufgestandene TN der „Die-Gruppe" oder der „Das-Gruppe" holt hingegen einen Minuspunkt.

Artikelspiele Anleitung

Möglichkeit 7: Test oder Arbeitsblatt

VORBEREITUNG: Kopieren Sie für jede/n TN die Vorderseite der Kopiervorlage „Wortkarten" als Arbeitsblatt auf normales Papier.

Teilen Sie die Kopien aus und bitten Sie die TN, die Artikel zu ergänzen.

Möglichkeit 8: Lernstationen
(siehe Anleitung zu den Grammatikspielen S. 11)

Möglichkeit 9: Lernkartei
(siehe Anleitung zu den Grammatikspielen S. 12)

Einsatz im Unterricht
Die Artikelspiele eignen sich besonders
- zur Wiederholung von Nomen mit Artikel: Besonders Anfängern fällt es manchmal schwer, den Sinn und Zweck von Artikeln zu erfassen und sich die Artikel einzuprägen. Mithilfe der Artikelspiele geben Sie ihnen Hilfestellung. Gleichzeitig prägen sich Bedeutung und Schreibweise der Wörter ein und es wird die Wortart „Nomen" verdeutlicht.
- zur Vermittlung von Lerntechniken: Sie möchten den TN Lerntechniken zum Wortschatz- und Artikelerwerb vermitteln. Bei Möglichkeit 1 bietet es sich z. B. an, bei Schritt 3 innezuhalten und die TN dazu anzuregen, sich mit eigenen Assoziationen Eselsbrücken zu bauen. Geben Sie den TN einen Satz vor, in dem beispielsweise alle femininen Wörter eines Artikelspiels vorkommen. Auf höheren Stufen können Sie drei Gruppen bilden. Eine Gruppe versucht, alle neutralen Wörter eines Artikelspiels in einem Satz zu verwenden, die anderen Gruppen widmen sich den maskulinen oder den femininen Nomen.
- um Grundlagen für die Einführung von Grammatik zu schaffen: Manche Grammatikregeln lassen sich besser einführen, wenn die TN das richtige Genus kennen. Zum Beispiel wird in *Schritte plus Neu 2*, Lektion 8, der Dativ nach den Präpositionen „seit" und „vor" eingeführt. Wenn die TN wissen, dass Zeitangaben, die auf „-e" enden (Stunde, Minute, Sekunde, Woche), feminin sind, können sie sich auch leichter einprägen, dass sie nach „seit" und „vor" bei diesen Wörtern den Artikel „einer" benutzen müssen.
- zur Auflockerung und Motivation: Durch die Arbeit in Kleingruppen sind alle TN aufgefordert, sich aktiv zu beteiligen. Manche TN spornt es an, sich mit anderen zu messen. Außerdem können die TN sich gegenseitig motivieren und eigene Lernerfahrungen austauschen.

Artikelspiele: **Artikelkarten**

Schritte PLUS NEU A1
Spielesammlung

Spieler 1	Spieler 2	Spieler 3
die	die	die
das	das	das
der	der	der

Artikelspiel: Wörter

Schritte PLUS NEU A1
Spielesammlung 4

Badewanne	Bett	Dusche
Fernseher	Herd	Kühlschrank
Lampe	Regal	Schrank
Schreibtisch	Sofa	Stuhl
Tisch	Teppich	Toilette

Artikelspiel: **Artikel**

die	das	die
der	der	der
der	das	die
der	das	der
die	der	der

Artikelspiel: **Wörter**

Sonntag	Fußball	Hausaufgabe
Wochenende	Praxis	Woche
Abend	Nacht	Kindergarten
Sport	Geschäft	Supermarkt
Tag	Kino	Termin

Artikelspiel: **Artikel**

Schritte PLUS NEU A1
Spielesammlung
5

die	der	der
die	die	das
der	die	der
der	das	der
der	das	der

Artikelspiel: **Wörter**

Wolke	Eis	Winter
Problem	Wetterbericht	Regen
Sonne	Temperatur	Wetter
Wind	Sommer	Fahrrad
Film	Hobby	Internet

Artikelspiel: **Artikel**

Schritte PLUS NEU A1
Spielesammlung 6

der	das	die
der	der	das
das	die	die
das	der	der
das	das	der

Artikelspiel: **Wörter**

Schule	Unterricht	Arzt
Diktat	Lied	Test
Übung	Junge	Mädchen
Klasse	Team	Text
Frühstück	Schwimmbad	Brief

Artikelspiel: **Artikel**

der	der	die
der	das	das
das	der	die
der	das	die
der	das	das

Artikelspiel: Wörter

Krankenhaus	Interview	Ausbildung
Thema	Praktikum	Leiter
Diplom	Job	Stelle
Gruß	Restaurant	Arbeitsplatz
Universität	Aushilfe	Service

Artikelspiel: **Artikel**

die	das	das
der	das	das
die	der	das
der	das	der
der	die	die

Artikelspiel: **Wörter**

Schritte PLUS NEU A1
Spielesammlung 9

Amt	EU (Europäische Union)	Antrag
Ausweis	Automat	Gebühr
Behörde	Auskunft	Erlaubnis
Dokument	Parkplatz	Schluss
Führerschein	Gepäck	Visum

Artikelspiel: **Artikel**

der	die	das
die	der	der
die	die	die
der	der	das
das	das	der

Artikelspiel: **Wörter**

Schritte PLUS NEU A1
Spielesammlung 10

Arm	Auge	Bauch
Bein	Finger	Fuß
Hals	Hand	Kopf
Mund	Nase	Ohr
Rücken	Zahn	Brust

Artikelspiel: **Artikel**

Schritte PLUS NEU A1
Spielesammlung 10

der	das	der
der	der	das
der	die	der
das	die	der
die	der	der

Artikelspiel: **Wörter**

Museum	Bahnhof	Bücherei
Post	Tankstelle	Fußballplatz
Metzgerei	Supermarkt	Kino
Hotel	Bank	Kindergarten
Werkstatt	Buchhandlung	Kiosk

Artikelspiel: **Artikel**

⊘	⊘	⊘
die	der	das
⊘	⊘	⊘
der	die	die
⊘	⊘	⊘
das	der	die
⊘	⊘	⊘
der	die	das
⊘	⊘	⊘
der	die	die

Artikelspiel: **Wörter**

Schritte PLUS NEU A1
Spielesammlung
12

Tüte	Training	Reparatur
Drucker	Garantie	Papier
Licht	Urlaub	Stecker
Steckdose	Gebrauchs- anweisung	Taste
Tür	Angebot	Modell

Artikelspiel: **Artikel**

Schritte PLUS NEU A1
Spielesammlung
12

die	das	die
das	die	der
der	der	das
die	die	die
das	das	die

Artikelspiel: **Wörter**

Schritte PLUS NEU A1
Spielesammlung
13

Größe	Bluse	Gürtel
Hemd	Hose	Jacke
Kleid	Mantel	Pullover
Rock	T-Shirt	Brille
Anzug	Tuch	Kleidung

Artikelspiel: **Artikel**

der	die	die
die	die	das
der	der	das
die	das	der
die	das	der

Artikelspiel: **Wörter**

Schritte PLUS NEU A1
Spielesammlung 14

Einladung	Feiertag	Fest
Geburtstag	Hochzeit	Flug
Erfolg	Prüfung	Glück
Blume	Antwort	Geschenk
Feier	Abschied	Gast

Artikelspiel: **Artikel**

Schritte PLUS NEU A1
Spielesammlung
14

das	der	die
der	die	der
das	die	der
das	die	die
der	der	die

Mini-Gespräche **Anleitung**

Schritte PLUS NEU A1
Spielesammlung

Auf den Seiten 115–140 finden Sie **13 verschiedene Vorlagen** für Mini-Gespräche. Manche Spiele bestehen aus einer Vorderseite und einer Rückseite mit Lösungen ✓, andere Spiele haben nur eine Seite.

Zu jeder Vorlage gibt es **sechs verschiedene Einsatzmöglichkeiten**, z. B. als Klassenspaziergang, als Brettspiel oder als Partnerübung.

Themen und Wortschatz passen zu den einzelnen Lektionen von *Schritte plus Neu*, können aber auch zu anderen Lehrwerken eingesetzt werden.

Möglichkeit 1: Klassenspaziergang

VORBEREITUNG
Kopieren Sie die Vorderseite eines Mini-Gesprächs einmal auf stärkeres Papier. Wenn Sie mehr als 18 TN haben, brauchen Sie eine zweite Kopie. Schneiden Sie die Karten aus.
Variante: Für ungeübte TN kopieren Sie auf die Rückseite die Lösungen, sofern vorhanden (siehe Kopierhinweise auf Seite 2).

1 Schreiben Sie das Beispiel des Mini-Gesprächs an die Tafel und spielen Sie das Gesprächsmuster im Plenum mehrmals durch. Lassen Sie die TN dann selbst ein weiteres Beispiel in ihr Heft schreiben und stellen Sie sicher, dass das Gesprächsmuster von allen verstanden wurde. Bei manchen Mini-Gesprächen brauchen die TN etwas Fantasie, um eine Antwort zu finden. Falls das Ihren TN Schwierigkeiten bereitet, können Sie vorab im Plenum Stichworte für mögliche Lösungen sammeln oder vorgeben.
2 Die TN gehen im Kursraum umher. Sie können dazu beschwingte Party-Musik abspielen, damit eine gewisse Geräuschkulisse gegeben ist und die TN sich möglichst ungezwungen bewegen und miteinander sprechen können. Jede/r TN bekommt eine Karte, sucht sich eine Gesprächspartnerin / einen Gesprächspartner, stellt ihre/seine Frage und beantwortet die Frage der/des anderen. Falls Sie die Lösung auf die Rückseite kopiert haben, müssen die TN die Karten so halten, dass die andere Person die Lösung nicht von der Rückseite ablesen kann.
3 Dann werden die Karten getauscht, jede/r sucht sich ein neues Gegenüber.
4 Beenden Sie das Spiel nach eigenem Ermessen.

Möglichkeit 2: Kugellager

Diese Möglichkeit eignet sich besonders für Fragen, die kurz und bündig zu beantworten sind.

VORBEREITUNG
Siehe Möglichkeit 1

1 Führen Sie das Mini-Gespräch im Plenum ein (siehe Möglichkeit 1, Schritt 1).
2 Die TN stehen sich in einem Innenkreis und einem Außenkreis paarweise gegenüber. Jede/r TN bekommt eine Karte und formuliert eine vollständige Frage.
3 Das Gegenüber antwortet, stellt seine Frage und wartet wiederum auf die Antwort.
4 Dann tauschen die Gesprächspartner ihre Karten miteinander.
5 Der Außenkreis rückt nach Ihrer Ansage oder mit einer kurzen Musiksequenz eine oder mehrere Positionen im Uhrzeigersinn weiter, sodass jede/r TN für das nächste Mini-Gespräch einer neuen Person gegenübersteht.

Möglichkeit 3: Gespräche in Kleingruppen oder in Partnerarbeit

VORBEREITUNG
Kopieren Sie die Vorderseite eines Mini-Gesprächs für jede Kleingruppe einmal auf stärkeres Papier. Schneiden Sie die Karten aus oder bringen Sie genug Scheren mit, damit die TN die Karten selbst ausschneiden können.
Variante: Für ungeübte TN kopieren Sie auf die Rückseite die Lösungen, sofern vorhanden (siehe Kopierhinweise auf Seite 2).

1 Führen Sie das Mini-Gespräch im Plenum ein (siehe Möglichkeit 1, Schritt 1).
2 Lassen Sie die Mini-Gespräche in Kleingruppen oder zu zweit führen.

Mini-Gespräche Anleitung

Möglichkeit 4: Brettspiel

VORBEREITUNG
Kopieren Sie für jede Gruppe die Vorderseite des Minigesprächs, am besten auf DIN-A3 vergrößert als Spielbrett. Schreiben Sie auf das Spielbrett oben links „Start" und unten rechts „Ziel", nummerieren Sie die Felder und geben Sie Richtungspfeile und Linien vor, damit die TN wissen, wie sie sich auf dem Spielbrett bewegen müssen.
Darüber hinaus brauchen Sie für jeden TN einen Spielstein und für jede Kleingruppe einen Würfel.
Variante: Bei einigen Kopiervorlagen gibt es auf der Rückseite eine Musterlösung, die Sie den TN zur Verfügung stellen können. Dabei ist jedoch zu beachten, dass die Spalten dann spiegelverkehrt sind. Daher sollten Sie die Spalten 1 und 3 vor dem Kopieren vertauschen oder die einzelnen Felder nummerieren.

1. Führen Sie das Mini-Gespräch im Plenum ein (siehe Möglichkeit 1, Schritt 1).
2. Die TN bilden Gruppen zu je 3 – 4 TN. Jede/r TN erhält einen Spielstein. Jede Gruppe bekommt einen Würfel und ein Spielbrett.
3. TN 1 würfelt, zieht und sagt Satz A des Mini-Gesprächs (z. B. „Hast du deinen Radiergummi dabei?"). Ein/e andere/r TN der Gruppe antwortet mit Satz B (z. B. „Nein, ich habe ihn nicht dabei.").
4. Dann ist TN 2 an der Reihe.
5. Wenn die Gruppe sehr schnell fertig ist, kann sie weitere Durchläufe machen.

Variante: Wenn Sie die Rückseite der Kopiervorlage als Lösung verwenden möchten, sollten Sie eine/n TN der Gruppe bestimmen, der das Lösungsblatt erhält und die Antworten überprüft. Dann ist es sinnvoll, mehrere Runden zu planen, sodass jede/r einmal „Kontrolleur" ist. Zur Binnendifferenzierung bietet es sich an, die/den schwächsten TN in der ersten Runde als Kontrolleur einzusetzen.

Möglichkeit 5: Schriftliche Übung

VORBEREITUNG
Kopieren Sie die Vorderseite eines Mini-Gesprächs für jede/n TN als Arbeitsblatt.

Verteilen Sie die Kopiervorlage als Arbeitsblatt an die TN und lassen Sie sie ganz oder teilweise schriftlich bearbeiten. Diese Möglichkeit bietet sich bei ungeübten TN zur Vorbereitung der Sprechübung an oder auch als Nachbereitung zu Hause.

Möglichkeit 6: Lernstationen

Mini-Gespräche, zu denen es auf der Rückseite eine eindeutige Lösung gibt, können Sie für Lernstationen einsetzen (siehe Anleitung zu den Grammatikspielen S. 11).

Einsatz im Unterricht

Die Mini-Gespräche eignen sich besonders
- zur Festigung bereits gelernter Redemittel und Grammatikstrukturen: Durch häufige Wiederholung werden Strukturen gefestigt und automatisiert. Dies kommt besonders TN zugute, die sich mit Grammatikerklärungen schwertun.
- zur Vorbereitung auf das freie Sprechen: Die Mini-Gespräche greifen Grammatikstrukturen auf und schaffen einen Übergang von stark gesteuerten Übungsformen zum freien Sprechen.
- zur Binnendifferenzierung: Ungeübte TN erhalten mit den Kärtchen (und den Lösungen) Hilfe und Orientierung. Sie können bestimmte Satzmuster einschleifen. Für geübte TN können Sie Hilfen weglassen oder sie bitten, weitere eigene Beispiele zu finden, für die das Satzmuster passt.
- zur Auflockerung der Kursatmosphäre und zur Aktivierung der TN: Der spielerische Charakter trägt zur Auflockerung des Unterrichts bei. Durch den häufigen Wechsel der Gesprächspartner lernen sich die TN besser kennen und bauen Hemmschwellen ab. Darüber hinaus sind alle TN aufgefordert, sich aktiv am Unterrichtsgeschehen zu beteiligen.
- zur Wiederholung und Auffrischung: Setzen Sie die Spiele gern auch einige Lektionen oder gar Niveaustufen später ein, um die Kenntnisse aufzufrischen. Auch kurz vor einem Test ist eine spielerische Wiederholung hilfreich.

Mini-Gespräche: Fragen zur Person

A: **Wie** heißen Sie?
B: (Ich heiße) Lara Nowak.

_____ heißen Sie?	Wie alt _____ Sie?	_____ _____ verheiratet?
Was sprechen _____?	Wie alt _____ Ihre Kinder?	_____ wohnen _____?
_____ _____ Ihre Telefonnummer?	_____ _____ Englisch?	_____ _____ Ihre E-Mail-Adresse?
Woher _____ Ihr Mann / Ihre Frau?	Wie geht _____ _____?	_____ wohnen Ihre Eltern?
_____ _____ Kinder?	_____ _____ Ihre Handynummer?	_____ kommen Sie?
_____ heißt Ihr Mann / Ihre Frau?	Wo _____ _____ geboren?	_____ _____ Ihr Familienname?

Mini-Gespräche: **Fragen zur Person**

Schritte PLUS NEU A1
Spielesammlung 2

Sind Sie verheiratet?	Wie alt sind Sie?	Wie heißen Sie?
Wo wohnen Sie?	Wie alt sind Ihre Kinder?	Was sprechen Sie?
Wie ist Ihre E-Mail-Adresse?	Sprechen Sie Englisch?	Wie ist Ihre Telefonnummer?
Wo wohnen Ihre Eltern?	Wie geht es Ihnen?	Woher kommt Ihr Mann / Ihre Frau?
Woher kommen Sie?	Wie ist Ihre Handynummer?	Haben Sie Kinder?
Wie ist Ihr Familienname?	Wo sind Sie geboren?	Wie heißt Ihr Mann / Ihre Frau?

Mini-Gespräche: **Nachfragen**

Schritte PLUS NEU A1
Spielesammlung 3

A: Ist das ein Kind?
B: Nein, das ist **kein** Kind, das ist **eine** Frau.

Mini-Gespräche: **Nachfragen**

Nein, das ist keine Birne, das ist eine Zwiebel. ✓	Nein, das ist kein Brot, das ist ein Kuchen. ✓	Nein, das ist kein Kind, das ist eine Frau. ✓
Nein, das ist keine Orange, das ist eine Kartoffel. ✓	Nein, das ist keine Tomate, das ist eine Orange. ✓	Nein, das ist kein Wort, das ist ein Buchstabe. ✓
Nein, das ist keine Kundin, das ist eine Verkäuferin. ✓	Nein, das ist kein Ei, das ist eine Birne. ✓	Nein, das ist keine Banane, das ist ein Apfel. ✓
Nein, das ist kein Buch, das ist ein Foto. ✓	Nein, das ist kein Mann, das ist ein Baby. ✓	Nein, das ist keine Frau, das ist ein Mann. ✓
Nein, das ist kein Apfel, das ist ein Brötchen. ✓	Nein, das ist kein Buchstabe, das ist eine Zahl. ✓	Nein, das ist keine Telefonnummer, das ist eine Stadt. ✓
Nein, das ist kein Würstchen, das ist ein Fisch. ✓	Nein, das ist kein Fisch, das ist ein Würstchen. ✓	Nein, das ist keine Stadt, das ist ein Land. ✓

Mini-Gespräche: **Gefallen und Missfallen ausdrücken**

A: Wie gefällt Ihnen das Wohnzimmer?
B: **Es** gefäll**t** mir gut / sehr gut / ganz / nicht (so) gut.

A: Wie gefallen dir die Stühle?
B: **Sie** gefall**en** mir gut / sehr gut / ganz gut / nicht (so) gut.

das Wohn-zimmer	der Balkon	die Wohnung
die Lampen	das Regal	der Schrank
die Stühle	der Tisch	das Sofa
der Fernseher	das Bad	die Wasch-maschine
die Betten	die Küche	das Haus
die Schränke	das Bett	die Möbel

Mini-Gespräche: Gefallen und Missfallen ausdrücken

Schritte PLUS NEU A1 — Spielesammlung — 4

✓	✓	✓
Sie gefällt mir …	Er gefällt mir …	Es gefällt mir …

✓	✓	✓
Er gefällt mir …	Es gefällt mir …	Sie gefallen mir …

✓	✓	✓
Es gefällt mir …	Er gefällt mir …	Sie gefallen mir …

✓	✓	✓
Sie gefällt mir …	Es gefällt mir …	Er gefällt mir …

✓	✓	✓
Es gefällt mir …	Sie gefällt mir …	Sie gefallen mir …

✓	✓	✓
Sie gefallen mir …	Es gefällt mir …	Sie gefallen mir …

Mini-Gespräche: **Alltagsaktivitäten: Vorlieben ausdrücken**

Schritte PLUS NEU A1
Spielesammlung 5

A: Kaufst du **gern** ein?
B: Ja, ich kaufe **sehr gern** / **gern** ein. / Nein, ich kaufe **nicht (so) gern** ein.

ein:kaufen	kochen	spazieren gehen
Schokolade essen	früh auf:stehen	das Bad putzen
die Küche auf:räumen	lesen	Gemüse essen
Deutsch sprechen	Saft trinken	arbeiten
Hausaufgaben machen	ins Kino gehen	Fußball spielen
zum Deutschkurs gehen	Musik hören	fern:sehen

Mini-Gespräche: **Alltagsaktivitäten: Vorlieben ausdrücken**

Schritte PLUS NEU A1 – Spielesammlung 5

- Gehst du gern spazieren?
- Kochst du gern?
- Kaufst du gern ein?

- Putzt du gern das Bad?
- Stehst du gern früh auf?
- Isst du gern Schokolade?

- Isst du gern Gemüse?
- Liest du gern?
- Räumst du gern die Küche auf?

- Arbeitest du gern?
- Trinkst du gern Saft?
- Sprichst du gern Deutsch?

- Spielst du gern Fußball?
- Gehst du gern ins Kino?
- Machst du gern Hausaufgaben?

- Siehst du gern fern?
- Hörst du gern Musik?
- Gehst du gern zum Deutschkurs?

Mini-Gespräche: **Hast du ... dabei?**

A: Haben Sie **Ihren** Radiergummi dabei? / Hast du **deinen** Radiergummi dabei?
B: Ja, ich habe **meinen** Radiergummi dabei. / Nein, ich habe ... nicht dabei.

der Radiergummi	die Zigaretten	die Fahrkarte
das Handy	der Bleistift	der (An)Spitzer
das Buch	die Kamera	die EC-Karte
der Ausweis	das Geld	die Hausaufgaben
der Schnellhefter	die Schere	der Regenschirm
das Fahrrad	der Schlüssel	die Uhr

Mini-Gespräche: **Hast du … dabei?**

Ihre/deine ⊘ meine	Ihre/deine ⊘ meine	Ihren/deinen ⊘ meinen
Ihren/deinen ⊘ meinen	Ihren/deinen ⊘ meinen	Ihr/dein ⊘ mein
Ihre/deine ⊘ meine	Ihre/deine ⊘ meine	Ihr/dein ⊘ mein
Ihre/deine ⊘ meine	Ihr/dein ⊘ mein	Ihren/deinen ⊘ meinen
Ihren/deinen ⊘ meinen	Ihre/deine ⊘ meine	Ihren/deinen ⊘ meinen
Ihre/deine ⊘ meine	Ihren/deinen ⊘ meinen	Ihr/dein ⊘ mein

Mini-Gespräche: **Nach Aktivitäten in der Vergangenheit fragen**

Schritte PLUS NEU A1
Spielesammlung 7

A: **Hast du gestern** die Hausaufgaben **ge**macht?
B: Ja. / Nein.

gestern die Hausaufgaben machen	gestern kochen	gestern arbeiten
früher allein wohnen	am Samstag Freunde treffen	letzte Woche Sport machen
gestern Tee trinken	gestern am Computer spielen	gestern ein Buch lesen
gestern gut schlafen	heute Morgen mir eine SMS schreiben	gestern viel essen
gestern Musik hören	zu Hause frühstücken	gestern Brot kaufen
in der Schule Englisch lernen	früher Fußball spielen	im Sommer grillen

Mini-Gespräche: **Nach Aktivitäten in der Vergangenheit fragen**

Hast du gestern gearbeitet?	Hast du gestern gekocht?	Hast du gestern die Hausaufgaben gemacht?
Hast du letzte Woche Sport gemacht?	Hast du am Samstag Freunde getroffen?	Hast du früher allein gewohnt?
Hast du gestern ein Buch gelesen?	Hast du gestern am Computer gespielt?	Hast du gestern Tee getrunken?
Hast du gestern viel gegessen?	Hast du mir heute Morgen eine SMS geschrieben?	Hast du gestern gut geschlafen?
Hast du gestern Brot gekauft?	Hast du zu Hause gefrühstückt?	Hast du gestern Musik gehört?
Hast du im Sommer gegrillt?	Hast du früher Fußball gespielt?	Hast du in der Schule Englisch gelernt?

Mini-Gespräche: Zeitangaben (*seit* + Dativ)

Schritte PLUS NEU A1
Spielesammlung 8

A: **Seit wann** wartest du schon? **Seit wann** warten Sie schon?
B: **Seit** einer Woche.

1 Woche	2 Jahre	3 Stunden
1 Monat	1 Tag	½ Jahr
2 Wochen	1 Jahr	4 Monate
1 Minute	½ Stunde	20 Minuten
2 Tage	10 Jahre	1 Stunde
5 Monate	4 Wochen	3 Tage

Mini-Gespräche: **Zeitangaben (*seit* + Dativ)**

Schritte PLUS NEU A1
Spielesammlung 8

seit drei Stunden	seit zwei Jahren	seit einer Woche
seit einem halben Jahr	seit einem Tag	seit einem Monat
seit vier Monaten	seit einem Jahr	seit zwei Wochen
seit 20 Minuten	seit einer halben Stunde	seit einer Minute
seit einer Stunde	seit zehn Jahren	seit zwei Tagen
seit drei Tagen	seit vier Wochen	seit fünf Monaten

Mini-Gespräche: Ratschläge

Schritte PLUS NEU A1
Spielesammlung 9

A: Ich bin immer nervös.
B: Dann **mach doch** mehr Sport. / Dann **machen Sie doch** mehr Sport.

Ich bin immer nervös.	Meine Nachbarin ist nicht freundlich.	Ich habe keine Arbeit.
Ich bin immer müde.	Ich habe Fieber.	Ich verstehe kein Englisch.
Ich habe immer Hunger.	Ich vergesse immer die Artikel.	Mir ist so kalt.
Mein Kind will nicht zur Schule gehen.	Ich habe keine Freunde in Deutschland.	Mein Mann / Meine Frau kommt immer so spät nach Hause.
Ich kann nicht kochen.	Meine Wohnung ist so teuer.	Mein Auto ist kaputt.
Ich habe Kopfschmerzen.	Ich komme immer zu spät zum Deutschkurs.	Ich finde mein Handy nicht.

Mini-Gespräche: Gesundheits-Tipps

Schritte PLUS NEU A1 — Spielesammlung — 10

A: Was ist los?
B: Ich kann in der Nacht nicht schlafen.

A: Und was hat der Arzt gesagt?
B: Er hat gesagt, ich **soll** viel spazieren gehen.

Ich kann in der Nacht nicht schlafen.	Ich habe Kopfschmerzen.	Ich habe seit einem Monat Husten.
Ich habe Rückenschmerzen.	Mein Zahn tut weh.	Mein Bauch tut weh.
Ich habe seit drei Wochen Schnupfen.	Meine Hand ist ganz dick.	Meine Füße tun nach der Arbeit immer weh.
Meine Ohren tun weh.	Ich kann nicht gut sehen.	Ich habe Fieber.
Mein Hals tut weh.	Ich bin immer nervös.	Meine Augen sind am Abend ganz rot.
Mein Fuß ist ganz rot.	Mein Fuß ist ganz dick.	Ich bin immer müde.

Illustrationen: Jörg Saupe, Düsseldorf

Mini-Gespräche: **Einen Ort angeben** (*in, bei*)

Schritte PLUS NEU A1
Spielesammlung

A: Ist Michael da?
B: Nein, tut mir leid. Er ist noch **bei** sein**er** Oma.

seine Oma	die Schule	das Kino
sein Freund	der Garten	der Arzt
das Café	der Supermarkt	der Deutschkurs
der Park	Japan	die Bücherei
seine Freundin	London	seine Großeltern
das Krankenhaus	der Friseur	der Kindergarten

Mini-Gespräche: Einen Ort angeben (*in*, *bei*)

im Kino	in der Schule	bei seiner Oma
beim Arzt	im Garten	bei seinem Freund
im Deutschkurs	im Supermarkt	im Café
in der Bücherei	in Japan	im Park
bei seinen Großeltern	in London	bei seiner Freundin
im Kindergarten	beim Friseur	im Krankenhaus

Mini-Gespräche: **Höfliche Bitten**

A: Geben Sie mir eine Tüte!
B: **Könnten Sie** mir **bitte** eine Tüte geben?

A: Wartet!
B: **Könntet ihr bitte** warten?

Geben Sie mir eine Tüte!	Wartet!	Fahr langsam!
Mach das Licht an!	Gib mir Feuer!	Rufen Sie Herrn Fischer an!
Unterschreiben Sie hier!	Seid leise!	Fahren Sie Ihr Auto weg!
Mach das Fenster zu!	Leih mir zehn Euro!	Wiederhol den Satz!
Sprecht langsam!	Helfen Sie mir!	Schreiben Sie das an die Tafel!
Erklären Sie das!	Reservieren Sie einen Tisch!	Sag das noch mal!

Mini-Gespräche: Höfliche Bitten

Könntest du bitte langsam fahren?	Könntet ihr bitte warten?	Könnten Sie mir bitte eine Tüte geben?
Könnten Sie bitte Herrn Fischer anrufen?	Könntest du mir bitte Feuer geben?	Könntest du bitte das Licht anmachen?
Könnten Sie bitte Ihr Auto wegfahren?	Könntet ihr bitte leise sein?	Könnten Sie bitte hier unterschreiben?
Könntest du bitte den Satz wiederholen?	Könntest du mir bitte zehn Euro leihen?	Könntest du bitte das Fenster zumachen?
Könnten Sie das bitte an die Tafel schreiben?	Könnten Sie mir bitte helfen?	Könntet ihr bitte langsam sprechen?
Könntest du das bitte noch mal sagen?	Könnten Sie bitte einen Tisch reservieren?	Könnten Sie das bitte erklären?

Mini-Gespräche: **Nach dem Befinden fragen: Wie geht's ...?**

A: Wie geht's deinem/Ihrem Mann?
B: Danke, es geht **ihm** gut.

A: Wie geht's deiner/Ihrer Frau?
B: Danke, es geht **ihr** gut.

der Mann	die Frau	die Kinder
die Eltern	die Großeltern	der Sohn
die Tochter	der Hund	die Katze
der Bruder	die Schwester	die Geschwister
eine Freundin	der Freund	die Freunde
das Kind	die Nachbarn	der Chef

Mini-Gespräche: Nach dem Befinden fragen: Wie geht's …?

deinen / Ihren	deiner / Ihrer	deinem / Ihrem
ihnen	ihr	ihm
deinem / Ihrem	deinen / Ihren	deinen / Ihren
ihm	ihnen	ihnen
deiner / Ihrer	deinem / Ihrem	deiner / Ihrer
ihr	ihm	ihr
deinen / Ihren	deiner / Ihrer	deinem / Ihrem
ihnen	ihr	ihm
deinen / Ihren	deinem / Ihrem	deiner / Ihrer
ihnen	ihm	ihr
deinem / Ihrem	deinen / Ihren	deinem / Ihrem
ihm	ihnen	ihm

Mini-Gespräche: **Gegenstände suchen**

Schritte PLUS NEU A1
Spielesammlung — 14

A: Hast du **meinen Kuli** gesehen?
B: Nein, **den** habe ich nirgends gesehen.

A: Gerade habe ich **ihn** noch gehabt.
B: Ich weiß auch nicht, wo du **ihn** hingetan hast.

der Kuli	die Schlüssel	das Heft
das Buch	die Brille	der Block
der Radiergummi	die Einladung	das Handy
die Ohrringe	die Hausschuhe	der (An)Spitzer
der Geldbeutel	die Socken	die Tasche
der Rock	die Schere	der Regenschirm

Illustrationen: Jörg Saupe, Düsseldorf

Mini-Gespräche: **Gegenstände suchen**

✓	✓	✓
mein – das – es – es	meine – die – sie – sie	meinen – den – ihn – ihn
✓	✓	✓
meinen – den – ihn – ihn	meine – die – sie – sie	mein – das – es – es
✓	✓	✓
mein – das – es – es	meine – die – sie – sie	meinen – den – ihn – ihn
✓	✓	✓
meinen – den – ihn – ihn	meine – die – sie – sie	meine – die – sie – sie
✓	✓	✓
meine – die – sie – sie	meine – die – sie – sie	meinen – den – ihn – ihn
✓	✓	✓
meinen – den – ihn – ihn	meine – die – sie – sie	meinen – den – ihn – ihn

Gesprächsanlässe **Anleitung**

Schritte PLUS NEU A1
Spielesammlung

Auf den Seiten 143–155 finden Sie **13 verschiedene Fragebögen** als Gesprächsanlass. Zu jeder Vorlage gibt es fünf verschiedene Einsatzmöglichkeiten, z. B. als Gespräch in Kleingruppen oder als Klassenspaziergang.

Themen und Wortschatz passen zu den einzelnen Lektionen von *Schritte plus Neu*, können aber auch zu anderen Lehrwerken eingesetzt werden.

Möglichkeit 1: Gespräch in Kleingruppen

1 Jede/r TN bekommt eine Kopie des Fragebogens. Stellen Sie sicher, dass alle Fragen verstanden werden.
2 Die TN bilden Dreiergruppen und befragen sich gegenseitig. Hören Sie ggf. abwechselnd bei einigen Gruppen zu und helfen Sie, falls nötig.
3 Ab A1.2 können Sie eine/n TN bestimmen, der im Anschluss einige interessante Gesprächsergebnisse im Kurs zusammenfasst. Möglicherweise ist es dabei sinnvoll, einen zeitlichen Rahmen festzulegen. Alternativ können Sie anschließend auch ein oder zwei Fragen aufgreifen und diese im Plenum diskutieren.

Hinweis: Das eigentliche Ziel dieser Gespräche ist es, das flüssige Sprechen ohne Angst vor Fehlern zu üben. Hier sind korrekturfreie Phasen sinnvoll. Damit die TN sich nicht alleingelassen fühlen, sollten Sie diese Absicht vorab transparent machen.
Wenn Sie möchten, können Sie natürlich auch einige Fehler, die Ihnen beim Zuhören aufgefallen sind, aufgreifen und anschließend im Plenum besprechen.

Möglichkeit 2: Prüfungstraining

1 Jede/r TN bekommt eine Kopie des Fragebogens. Stellen Sie sicher, dass alle Fragen verstanden werden.
2 Die TN bilden Gruppen zu je zwei oder drei TN und befragen sich gegenseitig. Hören Sie abwechselnd bei einigen Gruppen zu und helfen Sie, falls nötig.
3 Als Vorbereitung für mündliche Prüfungen wiederholt eine Gruppe einen von ihr gewählten Teil des Gesprächs im Plenum oder wird von den restlichen TN befragt. Eine Rückmeldung, inwieweit das Gespräch den Prüfungskriterien wie grammatikalische Korrektheit, Flüssigkeit oder Aussprache entsprochen hat, sollte folgen.

Möglichkeit 3: Klassenspaziergang

Hinweis: Diese Möglichkeit eignet sich, wenn die einzelnen Fragen nicht aufeinander aufbauen.

> **VORBEREITUNG**
> Kopieren Sie einen Fragebogen je nach Klassengröße einmal oder mehrmals und zerschneiden Sie die Kopien in einzelne Fragen.

1 Verteilen Sie an jede/n TN eine Frage.
2 Die TN gehen im Kursraum umher und befragen eine Partnerin / einen Partner.
3 Dann werden die Fragen getauscht und die TN suchen sich eine neue Person.

Möglichkeit 4: Diskussion im Plenum

In kleinen Kursen können die Fragen im Plenum diskutiert werden.

Möglichkeit 5: Gespräch mit schriftlicher Übung

Die TN beantworten vor oder nach dem Gespräch einen Teil der Fragen schriftlich. Dabei sind verschiedene Ansätze denkbar: Beantwortung der Fragen, Zusammenfassung des Gesprächs, freier Aufsatz zum Thema usw. Diese Aufgaben können in Einzelarbeit oder in Partnerarbeit erledigt werden.

Einsatz im Unterricht

Die Gesprächsanlässe eignen sich besonders
– zur produktiven Anwendung von Wortschatz, Redemitteln und Grammatik: Das freie Sprechen kommt in Deutschkursen häufig zu kurz. Die Gesprächsanlässe beziehen sich inhaltlich auf das Thema einer Lektion. Somit sind sie eine ideale Möglichkeit, um Wortschatz, Redemittel und Grammatik der Lektion frei anzuwenden.

Gesprächsanlässe **Anleitung**

- zur Prüfungsvorbereitung: Die Gesprächsanlässe decken die wichtigsten Themen im mündlichen Teil gängiger DaZ-/DaF-Prüfungen ab. Die Aufgabe besteht in der Regel darin, sich von einem Foto, einem Wort- oder Bildimpuls ausgehend zu einem allgemeinen Gesprächsthema zu äußern. Manchen TN fällt dies jedoch sehr schwer. Mithilfe der vorbereiteten Fragen stellen Sie zum einen konkrete Frage-Antwort-Modelle zur Verfügung, zum anderen erleichtern Sie es den TN, die Bandbreite eines Themas zu erkennen und verschiedene Aspekte zu erläutern.
- zum freien Schreiben: Das freie Schreiben kann nicht oft genug geübt werden.
Nach der mündlichen Beantwortung der Fragen fällt es den TN meist wesentlich leichter, ihre Gedanken schriftlich festzuhalten. Es zeigt sich dabei sehr schnell, inwieweit die TN Wortschatz und Grammatik auch aktiv beherrschen.
- zum Erfahrungsaustausch und zur Verbesserung der Gruppenatmosphäre: Die meisten Gesprächsthemen greifen Alltagssituationen und persönliche Erfahrungen auf. Die TN können sich darüber austauschen, sich gegenseitig unterstützen und gute und schlechte Erlebnisse mit anderen teilen. Auf diese Weise lernen sie sich besser kennen und wachsen als Gruppe zusammen.
- zur Auflockerung und Motivation: Wenn die TN müde oder unkonzentriert sind, bietet diese Übungsform eine willkommene Abwechslung. Gerade TN, die außerhalb des Kurses kaum Deutsch sprechen, werden durch die freien Gespräche sehr motiviert. Sie merken, dass das mühsame Erlernen von Wörtern und Grammatik ihnen tatsächlich die Möglichkeit gibt, zu kommunizieren und die Isolation in einem fremden Land zu durchbrechen. TN, die bereits länger in Deutschland leben und mündlich häufig stärker sind als schriftlich, können hier ihre Fähigkeiten herausstellen.

Gesprächsanlässe: **Meine Familie**

Schritte PLUS NEU A1
Spielesammlung 2

1. Sind Sie verheiratet?
2. Woher kommt Ihr Mann oder Ihre Frau?
3. Haben Sie Verwandte[1] in Deutschland?
4. Haben Sie Geschwister?
5. Wie heißen Ihre Geschwister?
6. Sind Ihre Geschwister verheiratet?
7. Wo wohnen Ihre Eltern?
8. Haben Sie Großeltern?
9. Haben Sie Kinder?
10. Wie alt sind Ihre Kinder?
11. Wie heißen Ihre Kinder?
12. _____
13. _____
14. _____

[1] der Verwandte, -n = z. B. Großeltern, ein Bruder, eine Schwester

Illustration: Jörg Saupe, Düsseldorf

Gesprächsanlässe: **Einkaufen**

Schritte PLUS NEU A1
Spielesammlung 3

1. Was haben Sie im Kühlschrank?
2. Ihr Einkaufszettel: Was brauchen Sie?
3. Kaufen Sie viel Obst? Was kaufen Sie?
4. Wo kaufen Sie Obst? Im Supermarkt? Auf dem Markt? Im Obst- und Gemüseladen?
5. Wo kaufen Sie Brot? Im Supermarkt? In der Bäckerei?
6. Was kostet ein Kilo Bananen in Deutschland? Was kostet es in Ihrem Land?
7. Was kostet ein Kilo Fleisch in Deutschland? Was kostet es in Ihrem Land?
8. _____
9. _____
10. _____

Illustrationen: Jörg Saupe, Düsseldorf

Gesprächsanlässe: **Wohnen**

1. Wo wohnen Sie?
2. Wie gefällt Ihnen Ihre Wohnung? Was ist gut, was ist schlecht?
3. Wie alt ist die Wohnung?
4. Ist die Wohnung teuer?
5. Wie ist das Wohnzimmer: groß, klein, hell, dunkel, schön …?
6. Haben Sie ein Kinderzimmer?
7. Dusche oder Badewanne? Was gefällt Ihnen?
8. Wo kaufen Sie Möbel? – Bei …
9. Was kostet eine Wohnung in Ihrem Land?
10. _____
11. _____
12. _____

Gesprächsanlässe: **Tagesablauf**

1. Wann und wo kaufen Sie ein?
2. Wer kauft in Ihrer Familie ein? Machen Sie das oder macht das Ihr Mann oder Ihre Frau oder ...?
3. Wann kochen Sie?
4. Wann gehen Sie zum Deutschkurs?
5. Wann räumen Sie auf? Wann putzen Sie?
6. Wann bringen Sie Ihre Kinder in den Kindergarten oder zur Schule?
7. Wann arbeiten Sie?
8. Wann hören Sie Musik?
9. Was machen Sie vor dem Deutschkurs?
10. Was machen Sie nach dem Deutschkurs?
11. Was machen Sie am Wochenende?
12. _____
13. _____
14. _____

Gesprächsanlässe: **Freizeit**

1. Was lesen Sie – Bücher, Zeitungen, Nachrichten …?
2. Was sehen Sie gern im Fernsehen – Liebesfilme, Sport …?
   Sehen Sie auch deutsches Fernsehen? Wann sehen Sie fern?
3. Wie heißt Ihr Lieblingsfilm, Lieblingsbuch oder Ihre Lieblingsmusik?
4. Wo treffen Sie Ihre Freunde? Im Café, im Park, zu Hause, in der Schule …?
5. Wann kommen Ihre Verwandten[1] und Freunde zu Besuch[2]?
6. Kennen Sie ein gutes Restaurant? Wie heißt es? Was essen Sie dort gern?
7. Welcher Sport gefällt Ihnen?
8. Was machen Sie gern am Computer oder am Handy? Spielen, im Internet surfen, Filme sehen, chatten …?
9. Was machen Sie noch gern in der Freizeit? Telefonieren, spazieren gehen, tanzen, Musik hören, einkaufen …?
10. _____
11. _____
12. _____

[1] der Verwandte, -n = eine Person aus Ihrer Familie, z. B. ein Bruder, die Großmutter, der Vater
[2] zu Besuch kommen = Leute kommen in Ihre Wohnung oder in Ihr Haus.

Illustration: Jörg Saupe, Düsseldorf

Gesprächsanlässe: **Wochenende**

Ihr Wochenende!

1. Was haben Sie gekocht oder gegessen?
2. Was haben Sie gekauft?
3. Sind Ihre Freunde oder Verwandten[1] zu Besuch gekommen[2] oder haben Sie Freunde oder Verwandte besucht[3]?
4. Haben Sie Freunde getroffen? Was haben Sie zusammen gemacht?
5. Haben Sie ferngesehen?
6. Wo sind Sie spazieren gegangen?
7. Haben Sie Sport gemacht?
8. Was haben Sie für den Deutschkurs gemacht: Grammatik gelernt, Hausaufgaben gemacht ...?
9. Was haben Sie am Abend gemacht?
10. Was haben Sie noch gemacht?
11. _____
12. _____
13. _____

[1] der Verwandte, -n = eine Person aus Ihrer Familie, z.B. ein Bruder, die Großmutter, der Vater
[2] zu Besuch kommen = Leute kommen in Ihre Wohnung oder in Ihr Haus.
[3] besuchen = Sie gehen in das Haus oder die Wohnung von Freunden oder Verwandten.

Illustration: Jörg Saupe, Düsseldorf

Gesprächsanlässe: **Arbeit zu Hause oder in der Firma**

A Hausarbeit[1]

1. Welche Hausarbeit machen Sie gern?
2. Welche Hausarbeit machen Sie nicht so gern?
3. Kochen Sie jeden Tag? Kochen Sie mittags oder/und abends?
4. Kochen Sie auch deutsches Essen?
5. Wer hilft Ihnen bei der Hausarbeit? Was macht die Person?
6. _____
7. _____
8. _____

B Arbeit in einer Firma

1. Was sind Sie von Beruf?
2. Wo arbeiten Sie im Moment oder wo haben Sie früher gearbeitet?
3. Was gefällt Ihnen an Ihrer Arbeit? Was gefällt Ihnen nicht so gut?
4. Können Sie in Ihrem Beruf in Deutschland eine Arbeit finden?
5. Was ist Ihr Traumjob[2]?
6. Was ist am Arbeitsplatz wichtig für Sie: der Verdienst, die Chefin oder der Chef, die Kollegen, die Arbeitszeit …?
7. _____
8. _____
9. _____

[1] die Hausarbeit, -en = Arbeit zu Hause: putzen, kochen, aufräumen, waschen, einkaufen …
[2] der Traumjob, -s = eine sehr gute Arbeit: Sie möchten diese Arbeit sehr gern machen.

Illustrationen: Jörg Saupe, Düsseldorf

Gesprächsanlässe: Ämter

Auf dem Amt: Wo waren Sie schon? Erzählen Sie.

1. Waren Sie in Deutschland auf einem Amt? Wie heißt das Amt?
2. Was haben Sie auf dem Amt gemacht?
3. Sind Sie zusammen mit einem Freund, einer Freundin oder mit Ihrer Familie zum Amt gegangen?
4. Wie haben Sie mit dem Beamten oder mit der Beamtin gesprochen? Deutsch, Englisch oder eine andere Sprache?
5. Hat der Beamte oder die Beamtin langsam gesprochen?
6. Hat er oder sie alles genau erklärt? Haben Sie alles gut verstanden?
7. War er/sie freundlich?
8. Hat es Probleme gegeben?
9. Wie sind die Beamten in Ihrem Land?
10. _____
11. _____
12. _____

Gesprächsanlässe: Beim Arzt

1. Haben Sie einen Hausarzt[1] oder eine Hausärztin?
2. Ist er/sie gut? Warum? Warum nicht?
3. Müssen Sie lange im Wartezimmer warten?
4. Hat er/sie viel Zeit für Sie?
5. Kommt er/sie auch in Ihre Wohnung?
6. Sie haben 40 Grad Fieber. Es ist 22 Uhr. Was machen Sie? Wohin können Sie gehen?
7. Wer in Ihrer Familie ist oft krank? Welche Probleme hat er/sie?
8. Spricht Ihr Arzt nur Deutsch oder auch Ihre Sprache oder Englisch?
9. Waren Sie schon einmal im Krankenhaus? Warum?
10. _____
11. _____
12. _____

[1] der Hausarzt, ⸚e = ein Arzt für alle Krankheiten, kein Spezialist

Gesprächsanlässe: **Ihr neuer Wohnort**

Schritte PLUS NEU A1
Spielesammlung **11**

1. Das erste Mal in Deutschland, in Österreich oder in der Schweiz: Was war anders, neu, besonders …?
2. Was haben Sie früher über dieses Land / Ihre neue Stadt / Ihren neuen Wohnort gedacht?
3. Was gefällt Ihnen in dieser Stadt? Was gefällt Ihnen nicht so gut?
4. Was / Wo ist Ihr Lieblingsplatz?
5. Wissen Sie, wo man hier gut einkaufen, essen oder tanzen kann?
6. Was machen Sie in der Freizeit?
7. Was möchten Sie Ihren Eltern oder Freunden in Ihrer Stadt gern zeigen?
8. Welche anderen Städte kennen Sie hier und wie gefallen sie Ihnen?
9. _____
10. _____
11. _____

Illustration: Jörg Saupe, Düsseldorf

Gesprächsanlässe: Kundenservice

1. Wann haben Sie das letzte Mal einen Techniker gebraucht?
2. Was war kaputt – Ihr Handy, Ihr Computer, Ihre Waschmaschine, Ihr Fahrrad, Ihr Auto …?
3. Hat der Techniker alles schnell repariert oder das Problem schnell gelöst[1]?
4. War der Preis für den Service okay?
5. Viele Leute machen kleine Reparaturen selbst. Was können Sie oder Ihre Freunde und Verwandten[2] reparieren?
6. Können Sie Gebrauchsanweisungen gut verstehen? Wann hatten Sie Probleme?
7. Bei großen Firmen kann man oft nur noch in einem Callcenter anrufen. Hatten Sie schon mal Probleme mit einem Callcenter?
8. _____
9. _____
10. _____

[1] ein Problem lösen = eine Antwort auf das Problem finden
[2] der Verwandte, -n = eine Person aus der Familie, z. B. ein Bruder, die Großmutter, der Vater

Gesprächsanlässe: Kleidung

1. Frauen möchten immer so viel Kleidung und Schuhe kaufen. Männer möchten wenig Kleidung kaufen. Stimmt das? Warum (nicht)?
2. Wie ist das in Ihrer Familie: Wer kauft viel, wer kauft wenig?
3. Kaufen Sie Kleidung lieber allein oder mit Ihrer Frau, Ihrem Mann oder mit Freunden ...? Warum?
4. Wann und wo haben Sie in Deutschland Kleidung gekauft? Hatten Sie Probleme?
5. Was ist für Sie sehr wichtig: die Qualität, die Marke[1], der Preis, die Farbe ...?
6. Wo kann man in Ihrer Stadt gut Kleidung und Schuhe kaufen?
7. Was ist in Ihrer Heimat anders? Der Preis, der Service, andere Geschäfte ...?
8. Ist die Mode in Ihrer Heimat anders? Was tragen die Leute dort?
9. _____
10. _____
11. _____

[1] die Marke, -n = der Name von einer Kleidungsfirma; ein sehr bekanntes Produkt

Gesprächsanlässe: **Feste**

**Erzählen Sie etwas von einem typischen Fest in Ihrer Heimat.
Bringen Sie gern auch Musik und Fotos mit in den Kurs.**

1. Wie heißt das Fest in Ihrer Sprache und auf Deutsch?
2. Warum feiert man das Fest?
3. Was machen die Leute?
4. Was isst und was trinkt man?
5. Wer kommt zu dem Fest?
6. Wie dekorieren Sie die Wohnung für dieses Fest?
7. Was ziehen Sie an?
8. Welche Musik hört man?
9. Tanzen die Leute? Tanzen Sie auch (gern)?
10. Gibt es Geschenke?
11. Was gefällt Ihnen an diesem Fest?
12. _____
13. _____
14. _____

Illustration: Jörg Saupe, Düsseldorf